Arthur Schnitzler

Leutnant Gustl

von Michael Braun

Schroedel Interpretationen Band 14

Druck A 1 / Jahr 2010

Redaktion: Dr. Hans-Georg Schede
Reihentypografie: Thomas Schröder, Braunschweig
Satz: Ira Petersohn, Ellerbek
Repro: westermann druck GmbH, Braunschweig
Druck: pva, Druck und Medien-Dienstleistungen GmbH, Landau
Titelbild: Torsten Hermentin als Leutnant Gustl in einer Produktion des Landestheaters Salzburg aus dem Jahre 2007 (Regie: Natascha Kalmbach). Mit freundlicher Erlaubnis des Landestheaters Salzburg.
Foto: © Christian Schneider

ISBN 978-3-507-47710-0

Einführung

Das 20. Jahrhundert, so könnte man zugespitzt sagen, wurde in Wien von Arthur Schnitzler erfunden. Kaum ein anderer Autor hat um 1900 so prägnant beschrieben, was die nächsten zwei bis drei Jahrzehnte für Österreich und Europa bringen sollten: den Zerfall der alten Gesellschaftsordnung und der österreichischen Monarchie, die zunehmende Aushöhlung der bürgerlichen Moral, die schleichende Entwertung der Werte von Ehe und Liebe, vor allem aber die Entthronung des Ichs als Herrn im eigenen Haus.

Die Novelle *Leutnant Gustl*, entstanden und veröffentlicht genau zur Jahrhundertwende, bündelt diese Themen in mustergültiger Weise. Selten ist in eine Figur so eindringlich hineingeleuchtet worden wie in den feschen, vorurteilsbefangenen, aber nicht dummen Leutnant Gustl. Mit dem Inneren Monolog öffnet Schnitzler dem Leser einen direkten Zugang in Gustls Kopf. Er ist der erste deutschsprachige Autor, der dieses Darstellungsmittel konsequent in einer Erzählung eingesetzt hat. Zugleich lässt er uns – mit Gustls Worten und durch dessen Augen – eine Welt erfahren, in der Antisemitismus und Duellpraxis, heuchlerische Sexualmoral und unverarbeitete seelische Ängste ihr Unwesen treiben.

Beim ersten Lesen fällt es leicht, Gustls Gedanken nachzuvollziehen – zu verstehen schon weniger! Wichtige Fragen stellen sich erst vom Ende der Erzählung her. Schnitzlers besondere literarische Leistung besteht darin, den Leser anzuregen, über Gustls enges Bewusstsein hinauszusehen und die Fragen zu stellen, die er nicht stellen kann oder aufgrund seiner Befangenheit in den Denkkonventionen seiner Zeit nicht zu stellen wagt. Diesen überzeitlichen Gehalt, die erzählerische Ordnung und die historischen Bedingungen von *Leutnant Gustl* darzustellen, ist das Ziel dieses Buchs.

Das erste Kapitel bietet Informationen über Schnitzlers Leben und Werk, zum historischen Hintergrund von *Leutnant Gustl* und zur Entstehungsgeschichte der Novelle. Das zweite Kapitel gibt den Inhalt der Erzählung wieder. Gezeigt wird dabei, dass der Strom der Gedanken (der *Plot*) nur scheinbar willkürlich ist und eine Folge von Episoden bildet (die *Story*), die sich in fünf Stationen oder Kapitel unterteilen lässt.

Das dritte Kapitel »Analyse und Deutung« widmet sich zunächst dieser genau komponierten Form der Erzählung. Untersucht wird die räumliche und zeitliche Ordnung, die der Autor dem Text gibt. Anschließend werden verschiedene Ausdrucksweisen und Funktionen des Inneren Monologs unter die Lupe genommen. Da die Erzählung fast ausschließlich aus dem Gedankenstrom einer Figur besteht, können die anderen Figuren auch nur aus der Perspektive der Hauptfigur betrachtet werden. Dabei treten jedoch charakteristische Merkmale sozialer Gruppen und Geschlechterrollen zutage. Der Gehalt der Erzählung erschließt sich insbesondere vom Problem der Ehre aus, die mit anderen Werten in Konkurrenz gerät. Die Modernität von Schnitzlers Erzählweise lässt sich – in den »Exemplarischen Interpretationen« im vierten Kapitel – daran ablesen, wie die Hauptfigur eingeführt und wie der Konflikt am Ende gelöst wird.

Im fünften Kapitel werden die Deutungsergebnisse in den Zusammenhang der Literaturgeschichte um 1900 eingeordnet. Das sechste Kapitel zur Rezeption stellt vor allem den zeitgenössischen Skandal um *Leutnant Gustl* dar, der Schnitzler den Offiziersrang kostete, während ihm die Novelle bei Autorenkollegen und Kritikern große Hochachtung eintrug.

Die Zitate aus *Leutnant Gustl* werden mit Seitenzahl aus der im Schroedel Verlag erschienenen Textausgabe (2009) nachgewiesen; alle anderen Zitate mit Kürzeln, die im Literaturverzeichnis am Ende des Bands aufgeschlüsselt werden.

I Biographische und zeitgeschichtliche Einflüsse

1 Biographischer Zusammenhang

Im Sommer 1900 war Arthur Schnitzler 38 Jahre alt und in vieler Hinsicht das, was man einen erfolgreichen Autor nennen könnte, obwohl er den Höhepunkt seines Ruhms noch vor sich hatte. Seine Stücke wurden an namhaften Bühnen in Österreich und Deutschland gespielt. Er galt als der berühmteste Dramatiker in Österreich und auch – neben Gerhart Hauptmann – in Deutschland. Schnitzler war ein populärer, allerdings nie ganz unumstrittener Autor. Um zu verstehen, warum das so war, ist ein Blick auf die andere Seite der Medaille nötig. Dort stehen heftige Skandale, antisemitische Angriffe, ein »hektische[s] Liebesleben« (Fliedl 2005, S. 8) und nicht zuletzt eine ernste Innenohrerkrankung (Otosklerose) des Autors, die sich später zu quälenden Ohrgeräuschen und Schwerhörigkeit auswachsen sollte.

Schon um 1900 zeigt sich also trotz aller Erfolge die Gebrochenheit von Schnitzlers Existenz. Wenn Arthur Schnitzler ein mustergültiger literarischer Vertreter seiner Zeit war, dann war er es als ein Autor, der die Krisensituation der Jahrhundertwende – des sogenannten Fin de Siècle – klarsichtig wie kaum ein anderer diagnostizierte. Er beschrieb das Leiden an der Zeit, anstatt darüber zu klagen. Ein politischer oder gar patriotischer Autor war er allerdings nicht. Das Vaterland war für Schnitzler eher eine Angelegenheit der Verwaltung. Unmittelbare politische Äußerungen zum Nationalitätenproblem im habsburgischen Vielvölkerstaat oder zum schwindenden Einfluss des Liberalismus im politischen Spektrum der Parteien kommen deshalb in seinem Werk kaum vor.

Arthur Schnitzler wurde am 15. Mai 1862 in der Wiener Praterstraße geboren. Er war eines von drei Kindern einer wohlhabenden bürgerlichen Familie. Die Mutter Louise Schnitzler, geborene Markbreiter (1838–1911), stammte aus einer alteingesessenen Wiener Familie, deren männliche Mitglieder Bankiers, Offiziere, Gelehrte waren. Der Großvater mütterlicherseits war ein angesehener Facharzt, ein begabter Hobbypianist und ein leidenschaftlicher Glücksspieler. Der Vater Johann Schnitzler (1835–1893) kam aus armen jüdischen Verhältnissen in Ungarn – sein Vater war Tischler und soll Analphabet gewesen sein – und machte in Wien Karriere als Kehlkopfspezialist, Herausgeber einer medizinischen Fachzeitschrift (der *Internationalen Klinischen Rundschau*), Regierungsrat, Professor an der Wiener Universität und (von 1880 bis 1893) Leiter der Allgemeinen Wiener Poliklinik. Schnitzler hat diese Motive aus der Familiengeschichte – Musik, Medizin, Glücksspiel – in seinen Werken verarbeitet. Die großbürgerlichen Verwandten aus der Familie seiner Mutter waren Vorbilder für viele seiner literarischen Figuren.

Die berufliche Laufbahn des Vaters war hingegen typisch für den Weg der Assimilation des jüdischen Kleinbürgertums in der Moderne. Bildung und Besitz, erworben durch Talent und Fleiß, garantierten die Anerkennung der Juden in der Gesellschaft. Der Preis dafür war die weitgehende Aufgabe jüdischer Traditionen und Bräuche. Schnitzler erinnerte sich daran, dass lediglich seine Großmutter mütterlicherseits an jüdischen Feiertragen die rituellen Übungen weiterpflegte (vgl. JW, S. 18). In der Schule sollte er einmal erklären, warum es keine Gotteslästerung sei, wenn der von allen erdenklichen Plagen heimgesuchte biblische Hiob den Tag seiner Geburt verflucht. Er antwortete: weil Gott »an der Geburt Hiobs eben vollständig unschuldig sei« (JW, S. 80). Dass der Mensch für das, was ihm widerfährt und was er tut, selbst Verantwortung

Arthur Schnitzler (1862–1931). Um 1900 entstandene Porträtaufnahme.

trägt – das war nicht die Antwort, die der Lehrer hören wollte. Hier spricht der Aufklärer Arthur Schnitzler, für den Erkennen und Wissen vor dem Glauben rangierten. Mit seinem Judentum hat der Autor zeitlebens gehadert. Sein Platz war zwischen den Stühlen. Im *Tagebuch* bezeichnet er sich einmal als »oester.[reichischen] Staatsbürger jüdischer Race zur deutschen Kultur mich bekennend« (1. November 1918).

Als vorteilhaft für Schnitzlers literarische Frühentwicklung erwies sich die ärztliche Tätigkeit des Vaters. Sie brachte den Jungen in Kontakt zur Welt des Theaters. Zu den Patienten Heinrich Schnitzlers, der sich in der seinerzeit relativ jungen Kehlkopfforschung einen Namen gemacht hatte, gehörten häufig stimmgeschädigte Sänger und Schauspieler. Auch aus der zeitweiligen großelterlichen Wohnung über dem Carl-Theater konnte Schnitzler manchen Schauspieler beobachten. Oft nahmen ihn die Eltern mit in Vorstellungen. Schnitzler wuchs als Kind der Logen auf. Die Welt der Verkleidungen, auch der sprachlichen, faszinierte ihn von Anfang an. Stolz hielt er im Alter von 18 Jahren im *Tagebuch* (25. Mai 1880) fest, er habe bereits 23 Dramen verfasst und 13 weitere begonnen, aber nicht vollendet. Sein Ehrgeiz, mit den Autoren klassischer Werke zu wetteifern, war so groß, dass man auf dem Wiener Akademischen Gymnasium spottete, er habe einen »Verein zur Verbesserung der Klassiker« gegründet (JW, S. 48).

»Die Wissenschaft wird mir nie das werden, was mir die Kunst jetzt schon ist«, vertraut Schnitzler am 27. Oktober 1879 seinem *Tagebuch* an. So absolvierte er 1879 bis 1885 sein Medizinstudium an der Universität Wien bis zur Promotion und 1885 bis 1887 die Zeit als Hospitant und als Sekundararzt zwar mit Fleiß, aber ohne rechte Lust; ebenso das Freiwilligenjahr 1882/83 beim Militär im Garnisonsspital, wo man ihn, seiner jüdischen Herkunft wegen, zu den »Mosesdragoner[n]« zählte (TM, S. 78). Lediglich für Hypnosetechniken und Hypnosetherapien brachte er großes Interesse auf. Lieber saß er am Klavier, besuchte das Theater und Tanzabende, spielte Billard und Tennis, hatte Affären mit Vorstadtmädels und verheirateten Frauen. Vor allem aber widmete er sich der Dichtung. Während der Jahre als Assistent seines Vaters in der Wiener Poliklinik verfasste er medizinische Buchbesprechungen, aber auch Prosaskizzen, Charakterstudien und kleine Geschichten, die bereits 1889 in Familienblättern veröffentlicht wurden. Später kam ihm zugute, dass er in seiner eigenen Arztpraxis, die er offiziell bis zum Ende seines Lebens behielt, aber nach dem Tod des Vaters lediglich zwei Jahre lang aktiv führte (1893 bis 1895), wenig zu tun hatte.

Schnitzlers »Frauengeschichten« (TM, S. 101) sind ein Kapitel für sich, und nicht das unwichtigste. Der Autor war von Frauen umschwärmt und führte zeitweilig mehrere Beziehungen gleichzeitig. Für ihn galt, was der Dichter und Arzt Gottfried Benn am 5. Juni 1952 an Thea Sternheim schrieb: »Gute Regie ist besser als Treue.« Um 1900 war Schnitzler damit Opfer und Täter zugleich in einer Zeit, in der es außer der Ehe keine gesellschaftlich geduldete Form des sexuellen Zusammenlebens gab. Über das Verhältnis eines Mannes mit einer unverheirateten Frau sprach und schrieb man nicht. Schnitzlers erste große Liebe, das »Abenteuer seines Lebens« (zitiert nach Scheible, S. 40), war Olga Waissnix: Mit der verheirateten Wirtin eines Hotels in der Reichenau südlich von Wien begann Schnitzler 1886 im Urlaub eine Affäre. Die Gesangslehrerin Marie Reinhard lernte er 1894 kennen. Als sie drei Jahre später ein Kind von ihm erwartete (das bei der Geburt starb), wollte er sie um seiner Freiheit willen nicht heiraten und quartierte die Schwangere, um öffentliches Aufsehen zu vermeiden, in einem Wiener Vorort ein. Vielleicht hat Schnitzler daraus gelernt. 1903 heiratete er in einem jüdischen Tempel Olga Gussmann (1882–1970), die er als Schauspielschülerin kennengelernt hatte und die 1902 ihren Sohn Heinrich (der Schauspieler und Regisseur wurde und 1982 starb) zur Welt gebracht hatte. Bis zu seiner Heirat hatte Schnitzler bei seiner Mutter gewohnt. Doch die Ehe mit Olga Gussmann entwickelte sich unglücklich. Ihr standen zwei Hindernisse im Weg: einerseits Schnitzlers affärengewohnte »Vergangenheit« und andererseits die von Olga erhoffte »Zukunft« als Konzertsängerin (*Tagebuch*, 5. Mai 1901). Nach Eifersuchtsepisoden und beiderseitigen Seitensprüngen folgte 1921 die Scheidung. Die Kinder blieben in Wien beim Vater. 1928 nahm sich die 1909 geborene, unglücklich mit einem italienischen Offizier verheiratete Tochter Lili das Leben. Drei Jahre später, am Vormittag des 21. Oktober 1931, fand Schnitzlers langjährige Sekretärin den 69-jährigen Autor bewusstlos auf dem Boden. Er starb am Abend des gleichen Tages.

Schnitzler wurde in erster Linie als Dramatiker gesehen. In der Zeit bis 1914 war er mit mehr als 200 Aufführungen am Burgtheater der meistgespielte zeitgenössische Autor. Im Jahr 1908 erhielt er den – neben dem Schiller-Preis – am meisten angesehenen Dramatikerpreis im deutschsprachigen Raum, den Grillparzer-Preis. Zu seinem 50. Geburtstag (am 15. Mai 1912) wurden an mehreren deutschsprachigen Bühnen gleichzeitig 26 seiner Stücke aufgeführt. Zugleich ist er der einzige Autor der ersten Generation der Wiener Moderne – zu der neben ihm Hermann Bahr, Richard Beer-Hofmann, Hugo von Hofmannsthal und Felix Salten gezählt werden –, der ein beachtliches Prosawerk hinterlassen hat. Dieses hat von der dramatischen Kunst profitiert. Daher verwundert es nicht, dass der Schwerpunkt im Erzählwerk die Novelle ist, die Theodor Storm einmal eine »Schwester des Dramas« genannt hat. Überhaupt ist Schnitzlers Produktivität gewaltig. Das veröffentlichte Werk umfasst 44 Sprechstücke, zwei Romane, mehr als 60 Novellen, eine Fülle von Aphorismen und Notizen, zahlreiche Briefwechsel und ein seit dem 17. Lebensjahr regelmäßig geführtes Tagebuch, aus dem wir erfahren, wie stimmungsabhängig, bindungsunfähig und hypochondrisch der Autor war. Die Qualität der einzelnen Stücke und Prosawerke wird indessen unterschiedlich beurteilt. Die Forschung hat das Werk in drei Phasen eingeteilt, eine frühe, eine mittlere und eine Spätphase. Von Bedeutung für das Verständnis der *Gustl*-Novelle ist vor allem die bis um 1900 reichende Frühphase.

Die Hauptgattung der im Zeichen des Dramas stehenden Frühphase sind Einakter, wobei mehrere Einakter durch eine wiederholt auftauchende Figur zu einem Zyklus verbunden werden können. Einakter sind kurze Stücke, die aus einer Szene bestehen, wenige Figuren und keine Nebenhandlung aufweisen. Sie leben weniger von Handlung und Charakter

Alain Delon und Romy Schneider in dem französischen Spielfilm »Christine« (1958, Regie: Pierre Gaspard-Huit) nach Schnitzlers Bühnenstück »Liebelei« (uraufgeführt 1895).

als vielmehr von Sprache und Dialog. Die traditionellen aristotelischen Einheiten von Ort, Zeit und Figuren werden ersetzt durch eine Einheit der Situation. Zugleich ist die einzelne Szene auf das Episodische des Augenblicks, auf Stimmung statt Handlung angelegt. Mit dieser Form knüpft Schnitzler an die französischen Boulevard-Komödien an, kurze Stücke, die ihren Stoff von der Straße holen und als Figuren Halbkünstler, Lebemänner und Glücksspieler auf die Bühne stellen. Eine wiederkehrende zentrale Figur von Schnitzlers Einaktern ist der Typus des »süßen Mädels«. Schnitzler hat diese Wiener Figur zu einem Markenzeichen seiner Dramen gemacht. Für die »süßen Mädels« gilt, was in der »Episode« von Schnitzlers erstem Einakter-Zyklus *Anatol* (1893) gesagt wird: »In der Stadt werden sie geliebt und in der Vorstadt geheiratet.« *Anatol* besteht aus sieben einzelnen Einaktern, die durch die Figur des Anatol verbunden sind. In jedem Teil hat Anatol eine andere Geliebte. Mehr noch als diese wechselnden Geliebten liebt er jedoch den wiederkehrenden Verfall der Liebe. Anatol repräsentiert einen »Typus des ausgehenden Jahrhunderts, wohlhabend und berufslos, der melancholisch und etwas ratlos von einer Affäre in die andere gerät« (Fliedl 2005, S. 74).

Schnitzlers berühmtester Einakter-Zyklus ist der *Reigen*. Es ist auch sein berüchtigtstes Werk. Selbst wohlmeinende Kollegen nannten den Autor dieses Stücks einen »Pornographen«. Der Titel »Reigen« ist Programm: Es geht um die Begegnung von zehn Paaren mit dem Ziel der sexuellen Vereinigung. Jeweils eine der Figuren bekommt in der nächsten Szene einen neuen Partner. Die »Dirne«, die in der ersten Szene den »Soldaten« umgarnt, trifft in der letzten Szene einen »Grafen«, der zuvor von einer »Schauspielerin« verführt worden ist. Auf diese Weise schließt sich der »Liebesreigen« (so lautete der Titel der Urfassung von 1897, die ursprünglich nicht für die Bühne vorgesehen war). Zugleich bildet er die soziale Stufenleiter ab. Genau in der Mitte des Stücks liegen die »junge Frau« und der »Gatte« im bürgerlichen Ehebett; im ›Urreigen‹ hat bezeichnenderweise Letztere ihren Mann in der Szene zuvor mit einem »jungen Mann« betrogen. Skandalös an dem Stück war das, was nicht gezeigt wurde: der Geschlechtsakt. Dieser fehlende, aber mühelos hinzuzudenkende Akt wird für den Leser durch Gedankenstriche angedeutet, für den zeitgenössischen Zuschauer durch Fallen des Vorhangs.

Der *Reigen* kam zuerst weder auf die Bühne noch an die Öffentlichkeit. Im Jahr 1900 ließ Schnitzler das Stück in einer Auflage von 200 Exemplaren auf eigene Kosten als Privatdruck für Freunde drucken, 1903 erschien der Theatertext im Wiener Verlag, eine Neuauflage folgte 1914 bei dem in Berlin und Wien ansässigen Benjamin Harz Verlag. Als Schnitzlers

Hausverlag S. Fischer in Berlin den *Reigen* übernahm, waren von den vorhergehenden Auflagen schon 100 000 Exemplare verkauft. Am 2. Dezember 1920 brachte der Regisseur Max Reinhardt Schnitzlers *Reigen* im Berliner Kleinen Schauspielhaus auf die Bühne. Die Schauspieler wurden wegen Erregung öffentlichen Ärgernisses angeklagt (und am Ende alle freigesprochen), es folgten Krawalle und Demonstrationen. In den völkisch-nationalen Zeitungen wurde Schnitzler als unsittlich und »jüdisch-entartet« beschimpft. Für die konservativen Kritiker ging er zu freimütig mit erotischen Motiven um, den liberalen Kritikern war er nicht freizügig genug. Schnitzler war das Stück durch den Skandal so vergällt, dass er weitere Aufführungen für die Dauer von 50 Jahren nach seinem Tod untersagte.

Auch in der Frühphase des erzählerischen Werks überwiegen kurze Formen. Schnitzler begann mit Charakterskizzen und kurzen Erzählungen. Die erste, von den Lesern sehr positiv aufgenommene Novelle *Sterben* (1895) kreist um eine wichtige Thematik des gesamten Werks, den Zusammenhang von Tod und Liebe, von Medizin und Moral. Wie geht man mit dem Wissen um den eigenen Tod um, und wie greift das Sterben eines nahen Menschen in das eigene Leben ein? Schnitzlers Erzählungen bieten keine Lösungen an, analysieren aber – oft mit klinischer Genauigkeit – die individuellen und sozialen Voraussetzungen von Todeswunsch und Liebesverlangen. Sie sind damit Psychogramme und Soziogramme zugleich. Der Autor durchschaut, was seine Figuren beschreiben, und kann sich daher von ihnen absetzen. Gleichwohl ist das, was Schnitzler seine Dramenfigur Paracelsus im elften, letzten Auftritt des gleichnamigen Einakters von 1899 sagen lässt, eine hellsichtige Diagnose des Zeitgefühls: »Sicherheit ist nirgends«:

> Es war ein Spiel! Was sollt' es anders sein?
> Was ist nicht Spiel, das wir auf Erden treiben,
> Und schien es noch so groß und tief zu sein!
> Mit wilden Söldnerscharen spielt der eine,
> Ein andrer spielt mit tollen Abergläubischen.
> Vielleicht mit Sonnen, Sternen irgendwer, –
> Mit Menschenseelen spiele ich. Ein Sinn
> Wird nur von dem gefunden, der ihn sucht.
> Es fließen ineinander Traum und Wachen,
> Wahrheit und Lüge. Sicherheit ist nirgends.
> Wir wissen nichts von andern, nichts von uns;
> Wir spielen immer, wer es weiß, ist klug.
> (Arthur Schnitzler: *Paracelsus. Versspiel in einem Akt*, in: Arthur Schnitzler: *Das Vermächtnis. Dramen 1897–1898.* Frankfurt/M.: Fischer Taschenbuch Verlag 1994, S. 215.)

In den Dramen der mittleren und der späten Werkphase hat Schnitzler die Liebesthematik ausgeweitet und auf die Ordnung der bürgerlichen Gesellschaft bezogen. Viele seiner Stücke sind Ehe- und Familiendramen. Sie enden allerdings nicht mehr tragisch mit dem Tod einer Figur wie *Liebelei* (1895), sondern komödiantisch wie mit dem Sich-Zusammenraufen einer – wie man heute sagt – Patchwork-Familie im *Zwischenspiel* (1906) oder tragikomisch wie mit dem doppelten Ehebruch eines Ehepaars in *Das weite Land* (1911). Tragisch ist hier der Tod des Geliebten der Ehefrau, komisch ist, dass trotz alledem die Figuren das Leben »fabelhaft amüsant« finden. Zu den wichtigsten Stücken Schnitzlers gehört – neben *Das weite Land*, das am 14. Oktober 1911 an neun Bühnen des deutschen Sprachraums zugleich Premiere hatte – die im Krankenhausmilieu spielende Gesellschaftskomödie *Professor Bernhardi* (1912), die, weil sie antisemitische Ressentiments behandelte, bis 1918 in Österreich nicht aufgeführt werden durfte.

Aus dem erzählerischen Werk der mittleren und der späten Phase ragen Schnitzlers Gesellschaftsroman *Der Weg ins Freie* (1908) und der Frauenroman *Therese* (1928) heraus. Der autobiographisch grundierte *Weg ins Freie* erreichte bis zum Jahr 1929 im S. Fischer Verlag 136 Auflagen. Mit seinem Panorama der österreichischen Sozialmilieus – vom Adel über das Großbürgertum bis zur Vorstadt – ist er auch der erste zeitgeschichtliche Roman des Wiens um 1900. Doch Schnitzler ist weniger an den sozialen Schicksalen seiner Figuren interessiert als an ihrem Seelenleben. Das zeigt sein letzter Roman: *Therese*, die »Chronik eines Frauenlebens« (so der Untertitel), erzählt in einer Reihe einfühlsamer Episoden, wie sich eine Frau aus kleinbürgerlichen Wiener Verhältnissen als alleinerziehende Mutter mit Gelegenheitsjobs durchs Leben schlägt, bis sie am Ende einem Gewaltakt ihres verwahrlosten Sohns zum Opfer fällt.

Immer wieder befassen sich die Novellen mit dem Seelenleben unverheirateter oder verwitweter Frauen auf der Suche nach ihrer sexuellen Identität. Die Monolognovelle *Fräulein Else* (1924) handelt von einer jungen Frau, die ihrem hochverschuldeten Vater zuliebe auf das Angebot eines älteren Mannes eingeht, sich gegen Geld vor ihm nackt zu zeigen. Am Ende fällt sie mit einer hohen, aber nicht tödlichen Dosis Veronal in die Bewusstlosigkeit; für den in der Forschungsliteratur oft unterstellten Selbstmord liefert der medizinisch versierte Autor keinen konkreten Anhaltspunkt (vgl. Scheible, S. 123). Die *Traumnovelle* (1925/26), berühmt geworden durch Stanley Kubricks Filmadaption *Eyes Wide Shut* (1999) mit Tom Cruise und Nicole Kidman, dreht sich ebenfalls um den Konflikt von erotischen Phantasien mit der Tagesrealität. Hier ist das Ende aber versöhnlich. Die Partner gestehen sich gegenseitig ihre Träume und traumhaften Liebeseskapaden und wagen einen ehelichen Neuanfang.

Schnitzlers späte Erzählung *Spiel im Morgengrauen* (1927) über einen dem Glücksspiel verfallenen jungen Leutnant hat viel mit *Leutnant Gustl* gemeinsam: die beklemmende Ausgangssituation, den Motivkreis von Spiel und Ehre, den abgestuften Einsatz der Gedankenrede, die süßen Mädels und gefühllosen Frauenbeziehungen. Doch die Geschichte des Glücksspielers, der nur anderthalb Tage Zeit hat, um seine enormen Spielschulden bei einem Konsul zurückzuzahlen, geht nicht so gut aus. Der Selbstmord der Hauptfigur am Ende unterstreicht den Ruin seiner wirtschaftlichen, aber auch seiner moralischen und seelischen Existenz. In dieser Erzählung von »Zeit und Geld« (Fliedl 2005, S. 231) wird das Motiv der Ehre zu Geld materialisiert: Wie die Ehre in der *Gustl*-Novelle, so wird hier das Geld eingesetzt, verloren, wiedergewonnen und endgültig verspielt.

Im Alter von 53 Jahren begann Schnitzler die Arbeit an einer Autobiographie. Das Buch erschien erst 1968 aus dem Nachlass unter dem Titel *Jugend in Wien*. Es schildert die geistige und soziale Entwicklung des bürgerlichen jungen Manns von seiner Geburt bis zu den ersten Veröffentlichungen. Das ist das Muster des klassischen Bildungsromans. Der Bildungsweg endet, als der junge Mann zum Schriftsteller wird.

Auskunft über Schnitzlers Selbstverständnis als Autor geben seine Briefe, die in zwei Sammelbänden vorliegen. Die Tagebücher der Jahre 1879 bis 1931 (1981 bis 2000 von der Österreichischen Akademie der Wissenschaften in zehn Bänden herausgegeben) liefern ein weitgehendes lückenloses Bild von Schnitzlers Leben, enthalten aber keine wesentlichen Kommentare zum Werk. Überhaupt gibt es über die (1967 veröffentlichten) *Aphorismen und Betrachtungen* hinaus keine programmatischen Schriften des Autors, in denen er Motive, Ziele oder Hintergründe seines Schreibens ausführlich erklärt.

2 Zeitgeschichtlicher Hintergrund

Arthur Schnitzlers Erzählungen, Romane und Dramen spielen zum überwiegenden Teil im zeitgenössischen Wien. »Wien – Gegenwart«: So lautet oft die Szenenanweisung der Stücke. Nur in Kenntnis von Wien um 1900 werden die Handlungen und Probleme von Schnitzlers Figuren verständlich. Daher folgt hier ein Blick auf die sozialen, politischen, technisch-wissenschaftlichen und kulturellen Tendenzen der Zeit.

Wien um 1900 – das »Junge Wien«

Wien war – nach London, Paris und Berlin – die viertgrößte europäische Hauptstadt der Jahrhundertwende, eine multikulturelle Metropole in einem Vielvölkerstaat. Hier stießen slawische, ungarische, romanische Einflüsse aufeinander. Die Wiener Bevölkerung hatte sich zwischen 1880 und 1910 nach Eingemeindung der Vorstädte auf zwei Millionen Einwohner verdoppelt. Darunter waren zahlreiche Einwanderer, heute würde man sagen: Migranten, die aus den Ländern in Ost- und Südosteuropa kamen und vornehmlich in der immer stärker aufkommenden Industrie Arbeit suchten. Sie lebten in ärmlichen Verhältnissen am Rand der Stadt. Die Wiener Vorstädte waren vom Stadtkern durch die Ringstraße abgetrennt – eine Prachtstraße, die 1859 bis 1872 anstelle der alten, nun geschleiften Stadtmauer entstanden war.

Die Ringstraße zeugte vom Glanz der Gründerzeit. Hier lagen Rathaus, Parlament, Hofoper und Burgtheater, Hofburg und Börse, Kunsthistorisches und Naturhistorisches Museum, eine Kathedrale (die Votivkirche) und die Universität. Viele dieser Gebäude waren in den Baustilen unterschiedlicher vergangener Architekturperioden neu errichtet worden. Die Ringstraße trennte das alte Wien von den vormodernen Vorstädten. Wer sie verließ, kehrte der Moderne den Rücken.

Außerdem muss man sich vor Augen halten, dass Österreich um 1900 immer noch eine Monarchie war, wenngleich eine liberal regierte. Kaiser Franz Joseph I. regierte das Land fast 70 Jahre lang, von 1848 bis 1916, und war seit 1867 auch König von Ungarn. Das Wiener Hofleben zog den Adel ebenso an wie die künstlerische Bohème. Die Musik von Johann Strauß prägte die Wiener Festkultur, der ornamentfreudige Jugendstil das Kunsthandwerk und die Architektur.

Eine bedeutende Stadt war Wien zudem, weil sich hier wichtige wissenschaftliche, soziale und kulturelle Veränderungen vollzogen. Sigmund Freud (1856–1939) und die Psychoanalyse, deren Entwicklung Schnitzler, bei manchen Vorbehalten gegenüber Freuds Theoriebildungen, nach 1900 kennenlernte, sind untrennbar mit Wien verbunden. Der Adel verlor an Einfluss und Geltung, das Bürgertum drängte in höhere politische Ämter, die Industrialisierung brachte eine neue wachsende Schicht von Arbeitern und im Gefolge neue soziale Probleme mit sich. Technische Neuerungen führten dazu, dass die Erfahrung der Beschleunigung zunahm. Das 19. Jahrhundert war die »Epoche der Geschwindigkeitsrevolution« (Osterhammel, S. 126): die Verkehrsmittel wurden schneller (elektrische Straßenbahnen, Automobile, erster Motorflug 1903), die Kommunikation überwand Zeit und Raum (Telegraph; das Telephon ging 1895 in Serie), die Wiedergabe bewegter Bilder im Kino faszinierte das Publikum (erste Filme 1895), die mechanischen Taschenuhren vereinheitlichten und disziplinierten die individuelle Zeiterfahrung. Durch das elektrische Licht, das schon 1882 an öffentlichen Plätzen in Wien eingeführt wurde, konnte man die Nacht zum Tage machen. Die Reaktion der Menschen auf diese Erfahrungen beschleunigter Existenz war das, was im Umfeld der Zeit »Nervosität« genannt wurde. Die Jahrhundertwende war – nicht nur in Wien – Auftakt eines nervösen Zeitalters.

Billardpartie im Kaffeehaus Paulanerhof im IV. Wiener Bezirk (Wiedner Hauptstraße 20). Aufnahme aus dem Jahr 1900.

Das »Junge Wien« versammelte sich im Kaffeehaus. Die junge künstlerische Avantgarde ist ohne diese typische Wiener Einrichtung nicht vorstellbar. Zu den Stammgästen gehörte neben Arthur Schnitzler Hugo von Hofmannsthal (1874–1929), der noch als Gymnasiast unter dem Pseudonym »Loris« seine ersten Gedichte und lyrischen Dramen schrieb, die feine Ironie sowie Daseinsmüdigkeit verströmten; ferner Hermann Bahr (1863–1934), der sich gerne und mit einigem Recht als Förderer des hochbegabten Hofmannsthal und Programmatiker des »Jungen Wien« sah. Das berühmteste Kaffeehaus war das aus der Vormärzepoche stammende Café Griensteidl am Michaelerplatz gegenüber dem Burgtheater. In den niedrigen, gewölbten Räumen diskutierten Schauspieler, Journalisten und Schriftsteller über Kultur und Politik. Sie lasen die ausliegenden Zeitungen; Wien war damals die bedeutendste Pressestadt Europas. Sie schrieben und stritten. Dabei ging es manchmal laut und nicht gerade hochkulturell zu. Den Wiener Starkritiker Karl Kraus, dessen Beiträge aus seiner Zeitschrift *Die Fackel* (1899–1936) die Kaffeehausliteraten in späteren Jahren nachhaltig beschäftigten, hat das gestört. Als das Café Griensteidl 1897 schließen musste (es wurde erst 1990 wiedereröffnet), spottete er über »Die demolirte Literatur« des Jungen Wien: Sie müsse sich nun verabschieden von »Mangel an Talent, verfrühte[r] Abgeklärtheit, Possen, Größenwahn, Vorstadtmädel, Cravatte, Manieriertheit, falsche[n] Dative[n], Monocle und heimliche[n] Nerven« (zitiert nach: Victor Žmegač [Hrsg.]: *Geschichte der deutschen Literatur vom 18. Jahrhundert bis zur Gegenwart*. Band II/2, 2. Auflage. Königstein/Ts.: Athenäum Verlag 1985, S. 267).

Der Wiener Schriftsteller Alfred Polgar (1873–1955) bemerkte einmal, das Café sei eine Weltanschauung, die davon lebe, die Welt nicht anzuschauen. Der Kritiker traf damit einen wunden Punkt des Jungen Wien. Die Autoren schöpften die Stoffe für ihre Geschichten weniger aus eigenen Erfahrungen als vielmehr aus zweiter Hand, aus Gehörtem oder Gelesenem. Die der Café-Atmosphäre gemäßen schriftstellerischen Formen waren die Glosse, die kurze Erzählung, der Einakter, das Feuilleton. Diese literarischen Formen bezeugten die Einstellung, dass das Leben zu kurz sei für lange Literatur. Dem entsprach die Erwartung des Lesepublikums. Bücher waren für die Lektüre im Sommerurlaub und für Bahnreisen gedacht, der anspruchsvolle Roman hatte es schwer. Dafür blühte das Theaterleben. Neben die mit Schnitzler-Stücken bespielten Wiener Bühnen – das Burgtheater, das Deutsche Volkstheater, das Lustspiel-Theater im Prater, das Theater in der Josefstadt – traten mehr und mehr private oder durch Vereine gegründete Theaterbühnen, zum Beispiel die von Arbeitern ins Leben gerufene Wiener Freie Volksbühne (1906 bis 1914). Schnitzler hat zeitlebens intensive Kontakte zu Theaterleuten und Regisseuren gehalten.

Neue Psychologie und Psychoanalyse

Jede künstlerische Bewegung hat ihren Gründervater – so auch die Wiener Moderne. Hermann Bahr gefiel sich in der Rolle des ästhetischen Wegbereiters der Epoche. Etwas spöttisch wurde er sogar als »Erfinder / Der jungen Schule von Wien« bezeichnet (zitiert nach Sprengel 1998, S. 126). Tatsächlich übte Bahr als Redakteur, Verlagslektor, Theaterkritiker und Regisseur (in Berlin und in Wien) erheblichen Einfluss auf die literarische Szene aus. Schnitzler hat ihn 1890 kennengelernt. 1891 wandte sich Bahr in seiner Aufsatzsammlung *Die Überwindung des Naturalismus* (1891) gegen das, wovon auch der junge Autor Schnitzler loskommen wollte: die Darstellung der äußeren Wirklichkeit in den naturalistischen Bühnenstücken. Bahr lenkte den Blick von außen nach innen, in die Seelenzustände des Menschen und auf dessen unbewusste Triebregungen, maskierte Wünsche, erotische Phantasien.

Hinter diesem Programm steht der Gedanke des »unrettbaren Ichs«. Mit dieser Formel, die Bahr aus dem philosophischen Hauptwerk *Die Analyse der Empfindungen* (1886) des Prager Professors für experimentelle Physik Ernst Mach (1838–1916) übernahm, der ab 1895 als ordentlicher Professor für Philosophie an der Wiener Universität lehrte, ist der Zerfall des »Ichs« als Einheit der Person gemeint. Was als »Ich« bezeichnet wird, ist Mach zufolge eigentlich ein Sammelsurium sich ständig ändernder Erfahrungen, Empfindungen und Erinnerungen, die eben nicht mehr angemessen mit dem traditionellen Behelfsbegriff »Ich« beschrieben werden können. Die Überwindung des Naturalismus erfolgte also mithilfe der Philosophie des Impressionismus. Diese geistige Wirklichkeit, die viel größer und vielgestaltiger erschien als die soziale Wirklichkeit, war das »weite Land«, das es für Schnitzler zu entdecken galt.

Bahr hat seine Theorie als ›Nervenkunst‹ verstanden und damit den Schriftstellern das Stichwort geliefert, ihre Werke aus der Sicht der »neuen Psychologie« (so heißt ein einflussreicher Essay Bahrs aus dem Jahr 1890) zu schreiben. Mit seinen eigenen schriftstellerischen Versuchen blieb Bahr allerdings im Wien um 1900 glücklos. Wichtiger für den geistigen Hintergrund von Schnitzlers Werken ist der Wiener Begründer der Psychoanalyse, Sigmund Freud. Freud und Schnitzler haben – im Abstand von sechs Jahren – dieselbe medizinische Ausbildung bei denselben Professoren erhalten. Sie wirkten lebenslang vor dem gleichen sozialen, kulturellen und konfessionellen Hintergrund. Die Skepsis gegenüber der Labormedizin und das Interesse an der Hypnose verbanden sie. Sie überwiesen sich gegenseitig Patienten, sie lasen gegenseitig ihre Werke. Aber erst anlässlich Schnitzlers 50. Geburtstag kam es zu einem brieflichen Meinungsaustausch, später auch zu wenigen persönlichen Begegnungen. In seiner Gratulation vom 14. Mai 1922 zu Schnitzlers 60. Geburtstag gestand Freud dem Autor, er habe ihn gemieden aus »einer Art von Doppelgängerscheu«.

Ihr Determinismus wie Ihre Skepsis – was die Leute Pessimismus heißen –, Ihr Ergriffensein von den Wahrheiten des Unbewußten, von der Triebnatur des Menschen, Ihre Zersetzung der kulturell-konventionellen Sicherheiten, das Haften Ihrer Gedanken an der Polarität von Lieben und Sterben, das alles berührte mich mit einer unheimlichen Vertrautheit. So habe ich den Eindruck gewonnen, daß Sie durch Intuition – eigentlich aber in Folge feiner Selbstwahrnehmung – alles das wissen, was ich in mühseliger Arbeit an anderen Menschen aufgedeckt habe.

Sigmund Freud an Arthur Schnitzler, Brief vom 14. Mai 1922

Doch Schnitzlers Vorbehalte gegenüber der Psychoanalyse waren groß. So beschied er am 31. Dezember 1912 einen Schüler von Freud: »Über mein Unbewußtes, mein halb Bewußtes wollen wir lieber sagen –, weiß ich aber noch immer mehr als Sie, und nach dem Dunkel der Seele gehen mehr Wege, ich fühle es immer stärker, als die Psychoanalytiker sich träumen (und traumdeuten) lassen.« (Zitiert nach Fliedl 2005, S. 49 f.) Interessant für die Deutung der *Gustl*-Novelle, die Freud gelesen hat, ist Freuds Modell der Traumdeutung. Freud hat es in seinem gleichnamigen Werk (1899 erschienen, mit der Jahresangabe 1900) entwickelt, dem folgenreichsten Buch der Epoche, das wiederum von Schnitzler aufmerksam gelesen worden ist. Die Frage, ob die Literatur von der Psychoanalyse beeinflusst worden ist oder ob umgekehrt in der Literatur vorausgeahnt ist, was die Psychoanalyse nachträglich erklärt, muss demnach offenbleiben.

Die Wechselwirkungen zwischen Psychologie und Literatur gewinnen aber an Kontur, wenn man Freuds und Schnitzlers Modelle der menschlichen Psyche vergleicht. Beide sezieren die menschliche Seele und lösen die traditionelle Einheit des Ichs (bzw. des Subjekts) auf. Freuds Drei-Instanzen-Modell stellt das »Ich« (Realitätsprinzip) bekanntlich in die Spannung zwischen »Es« (Lustprinzip) und »Über-Ich« (soziale Norm und persönliche Gewissensinstanz). Das Bewusstsein (»Ich«) wird vom »Über-Ich« kontrolliert und zensiert. Es kompensiert oder sublimiert dadurch die unbewussten Triebimpulse (»Es«), ohne aber verhindern zu können, von diesen im Traum überwältigt zu werden. Träume sind für Freud der Königsweg zum Unbewussten, sie verwandeln »manifeste« (das heißt wiedererkennbare) Tagesreste in »latente« (das heißt verborgene) Trauminhalte, die dann gedeutet werden können. Der Traum ist die maskierte Erfüllung eines unterdrückten Wunsches.

Schnitzlers *Traumnovelle* kann als literarische Gestaltung seiner eigenen Vorstellungen über den Traummechanismus gelesen werden. Doch steht er den Freud'schen Begriffen kritisch gegenüber. Weniger das Latente, vielmehr das Manifeste des Trauminhalts interessiert ihn. Das Unbewusste, so argumentiert Schnitzler, kann nicht zur – dichterischen – Sprache gebracht werden, weil es zu tief in der Psyche verborgen liegt. Stattdessen bevorzugt er den Begriff des »Mittelbewußtseins«: »Es ist das ungeheuerste Gebiet des Seelen- und Geisteslebens; von da aus steigen die Elemente ununterbrochen ins Bewußtsein auf oder sinken ins Unbewußte hinab. Das Mittelbewußtsein steht ununterbrochen zur Verfügung. Auf seine Fülle, seine Reaktionsfähigkeit kommt es vor allem an.« (Zitiert nach Scheible, S. 107).

Man kann sagen, dass Gustls Innerer Monolog dieses Mittelbewusstsein zum Ausdruck bringt, auch wenn er sich dessen selber nur ganz selten bewusst ist. Sein Unbewusstes aber bleibt dem Leser verborgen. Das Mittelbewusstsein von Gustls Innerem Monolog ist Schnitzlers frühe Antwort auf die zeitgenössische Psychoanalyse.

Duellwesen

Das Duell hat eine symbolische und eine soziale Bedeutung. Die symbolische Bedeutung besteht in der Wahrung der Ehre. Ein Duell ist ein Ehrenhandel: ein Zweikampf zwischen Männern, in dem es nicht in erster Linie um Leben und Tod, sondern um beider Ehre geht. Diese Ehre, beweisbar durch Todesunerschrockenheit, ist mehr wert als das eigene Leben. Sieger *und* Verlierer des Duells beweisen dadurch, dass sie es führen, ihre persönliche Ehre. Diese Ehre ist zuvor verletzt worden. Jemand hat einen anderen vorsätzlich oder unabsichtlich beleidigt (dafür konnte schon ein ironischer Blick als Anlass ausreichen) oder tätlich angegriffen und muss infolge-

Arthur Schnitzler im Alter von 21 oder 22 Jahren als Einjährig-Freiwilliger. 1882 oder 1883 entstandene Porträtaufnahme.

dessen darauf gefasst sein, von dem Angegriffenen aufgefordert zu werden, Genugtuung zu leisten. Diese Genugtuung wird Satisfaktion genannt und besteht eben in einem Duell, das mit scharfen Klingen (etwa Degen) oder mit Pistolen geführt wird. Das Duell folgt einem streng geregelten Ablauf, es gibt eine Verabredung von Ort und Zeit (meistens frühmorgens an einem abgelegenen Ort), Sekundanten, die die Forderung überbracht und die Bedingungen des Duells (etwa die Wahl der Waffen) ausgehandelt haben und nun mit dem Gegner (bzw. dessen Sekundanten) sprechen und den Duellanten die Waffen aushändigen, sowie einen Arzt, der etwaige Verletzungen versorgt oder den Tod bezeugt.

Die soziale Dimension des Duells ist grundlegend für das Verständnis dessen, was es eigentlich bedeutet. In einem Duell steht die Person nicht allein. Sie vertritt einen Stand. Insofern steht neben der persönlichen Ehre immer auch die

Standesehre auf dem Spiel. Sie wiederherzustellen, ist das oberste Gebot. Die österreichische Gesellschaft im 19. Jahrhundert hatte zwar in weiten Teilen eine bürgerlich aufgeklärte Haltung angenommen, war aber praktisch immer noch eine Standesgesellschaft. Die Zugehörigkeit zu einem bestimmten Stand bestimmte das, was ein Mensch in der Gesellschaft wert war und wohin er sich entwickeln konnte. Arbeiter und Handwerker hatten auch eine Standesehre, aber es fehlte ihnen die Möglichkeit (meist auch das Geld), wie die Bürger in höhere Gesellschaftsschichten aufzusteigen und ehrenvolle Posten beim Militär, in der Politik oder in der Wissenschaft einzunehmen, die früher nur Adligen vorbehalten gewesen waren. Es gehört zu den Widersprüchen der Zeit um 1900, dass ausgerechnet die Karrierebürger, die sich von der Welt des Adels abgrenzen wollten, die ursprünglich aristokratische Duellpraxis übernahmen, um ihr neues Standesbewusstsein zu stärken. Nur Akademiker, Offiziere und Adlige durften Genugtuung im Duell fordern und leisten. Arbeitern und Handwerkern war dies untersagt, sie waren satisfaktionsunfähig. Kam es dazu, dass ein Handwerker einen Offizier beleidigte, so musste der Konflikt an Ort und Stelle gelöst werden. Ein für einen späteren Zeitpunkt vereinbartes Duell kam nicht in Frage. Das Duell definierte also die Grenzen der guten Gesellschaft nach außen und nach unten.

Das Duell war ursprünglich eine exklusive Praxis der adligen Gesellschaft. Seine Vorläufer waren die Fehde, der gerichtliche Zweikampf und das ritterliche Turnier. Obwohl die Kirche Zweikämpfe schon im 16. Jahrhundert verboten hatte (Tridentinisches Konzil, 1563), gehörte das Duell im 19. Jahrhundert zu den festen Ritualen der sogenannten besseren Gesellschaft und zum Pflichtpensum der in Burschenschaften organisierten Studenten. Viele berühmte Personen hatten Duelle geführt oder waren zu einem Duell aufgefordert worden, sogar Bismarck. Die Literatur des 19. und des beginnenden 20. Jahrhunderts ist voll von Duellgeschichten. Eines der berühmtesten dieser Duelle findet in Theodor Fontanes Ehebruchroman *Effi Briest* (1895) statt, dessen Handlung auf eine wahre Begebenheit zurückgeht, die Mitte der 1880er-Jahre für Aufsehen gesorgt hatte. Der betrogene Ehemann Innstetten durchschaut das Zweifelhafte der Duellpraxis, beugt sich aber der sozialen Norm, dem »uns tyrannisierende[n] Gesellschafts-Etwas« (27. Kapitel), das weder nach Scham noch nach Liebe, noch nach Verjährung fragt.

Bis in die 1930er-Jahre gab es Duelle. Seither ist die Duellpraxis ausgestorben. Wir kennen die Standardsituation aber aus Filmen: die leere Straße als Bühne, auf der es zwischen den beiden Duellanten zum Showdown kommt. Bekannt sind vor allem Fred Zinnemanns Westernklassiker *High Noon* (1952) und Steven Spielbergs Road Movie *Duell* (1971). Nicht ausgestorben ist die dem Duell zugrunde liegende Verherrlichung der Ehre. Im Jahr 2000 führte die Statistik des Weltbevölkerungsberichts der UNO jährlich weltweit 5000 sogenannte Ehrenmorde an Frauen und Mädchen auf. Ehrenmorde werden vor allem in fundamentalistischen Kulturen begangen, die im Bereich bestimmter Werte (etwa der Jungfräulichkeit vor der Ehe) keine bürgerlichen Rechte dulden.

Problematisch war das Duell um 1900 vor allem auch deshalb, weil es eigentlich längst verboten war. Schon Anfang des 19. Jahrhunderts existierte ein Duellverbot der bayerischen Stände. Das bürgerliche Recht stellte das Duell unter Strafandrohung, die preußischen Könige haben aber aus Rücksicht auf den Offiziersstand die Duellpraxis weitgehend toleriert. In Österreich wurde um 1900 eine Anti-Duell-Liga gegründet; das Duell war gesetzlich untersagt. Trotzdem gab es auch hier, gebilligt vom österreichischen Kaiser, weiterhin Duelle. Arthur Schnitzler, der selbst verschiedene Male zu Duellen aufgefordert wurde, nahm in dieser Frage eine unentschiedene Position ein. Er verurteilte die Duellpraxis als unmenschliche soziale Konvention. Doch er empfand auch Verständnis, ja heimliche Sympathie für die, die sich auf ein Duell einließen. Wogegen er sich freilich entschieden wandte, war der Zwang zum Duell und die Ächtung des Duellverweigerers. Die Flucht vor einem Duell bedeutete zu Schnitzlers Zeiten zwangsläufig, aus der Gesellschaft ausgestoßen zu werden. Sie führte zudem in der Regel – aufgrund der Verinnerlichung der herrschenden moralischen Normen – zur Selbstverachtung und in letzter Konsequenz in Einzelfällen wohl auch zum Selbstmord.

Auch von prinzipiellen Duellgegnern hört man immer wieder die Ansicht aussprechen, daß es immerhin Fälle gibt, wo das Recht, jemanden zum Duell zu provozieren, unbedingt zuerkannt werden müßte. Und als Lieblingsbeispiele werden immer wieder solche Fälle gewählt, in denen es sich um Verführung der Gattin oder der Schwester handelt. Und doch liegt hier die Sache nicht anders als in sämtlichen anderen Fällen, bei denen sich irgend jemand beleidigt fühlt. Ist der sogenannte Verführer geneigt, auf das Duell einzugehen, so möge es stattfinden und – wie immer der Ausgang sei – straflos bleiben. Ist aber der Beleidiger nicht geneigt, die verlangte Satisfaktion zu geben, so wäre der Versuch, ihn zu einem Duell zu zwingen, mit der gleichen Schärfe zu ahnden, wie in jedem andern Fall. Natürlich müßte dem Gatten oder dem Bruder Gelegenheit geboten werden, sich auf andere Weise Genugtuung zu verschaffen, auf die er nach unseren heute noch bestehenden bürgerlichen Anschauungen ein Recht beanspruchen kann.

Arthur Schnitzler, Antwort auf eine Rundfrage über das Duell (Nachlass), in: Aphorismen und Betrachtungen, Frankfurt/M. 1967, S. 323

Das Duell ist ein bestimmendes Thema in Arthur Schnitzlers literarischem Werk. In dem Drama *Freiwild* (1896) geht es um den Zwang zum Duell. Ein Künstler hat einen Offizier, der eine Schauspielerin wie »Freiwild« behandelt hat, geohrfeigt. Er ist von diesem zum Duell gefordert worden, entzieht sich aber der Forderung. Schnitzler stellt sich auf die Seite des unheldischen Duellgegners und liberalen Künstlers. Aber er kann seine Figur – obwohl es ihm vom Regisseur des Stücks dringend empfohlen wurde – nicht ungeschoren davonkommen lassen. Am Ende wird der Duellverweigerer ganz unzeremoniell von seinem Gegner erschossen. Er bleibt ein Gefangener des sozialen Duellzwangs, weil er nicht flieht, sondern sich dem Gegner freiwillig ausliefert.

Auch in der späten Novelle *Der Sekundant* (entstanden 1927/1931) wird der Duellzwang kritisch beleuchtet. Der Sekundant eines Duellopfers soll dessen Ehefrau die Nachricht vom Tode ihres Mannes überbringen, doch stattdessen schläft er mit ihr. Erotisches Begehren und Aggression im Duell sind hier zwei Seiten der gleichen Sache: der sexuellen Rivalität. Dieses persönliche Drama um Begehren und Gewalt spielt vor dem Hintergrund des sinnlosen Massensterbens im Ersten Weltkrieg, den Schnitzler als »Weltruin« empfand (*Tagebuch*, 5. August 1914), als »Mord, Verstümmelung, Raub, Plünderung, Seuche, Blindheit« (zitiert nach Fliedl 2005, S. 56).

Antisemitismus

›Antisemitismus‹ ist ein neues, im letzten Drittel des 19. Jahrhunderts aufkommendes Wort für Judenfeindlichkeit. Vorurteile gegenüber Juden und antijüdische Pogrome hatte es vom Altertum bis zum Mittelalter gegeben. Neu war die aggressive Anwendung des Begriffs auf ein Judentum, das nicht mehr nur als Glaubensgemeinschaft eingegrenzt, sondern als Lebensgemeinschaft ausgegrenzt wurde. Schriften wie *Zur*

Judenfrage (1844) von Karl Marx hatten diesem Verständnis vorgearbeitet. In Österreich hatten die Juden zwar mit der rechtlichen Gleichstellung (1868) das Ziel der Assimilation – der Anpassung an eine nichtjüdische Kultur – erreicht; der jüdische Bevölkerungsanteil in Wien betrug um 1890 etwa 8,7 Prozent. Arthur Schnitzlers Vater hatte diese Assimilation aus eigenem Antrieb als sozialen und beruflichen Erfolgsweg verwirklicht. Aber seit 1880 wurde der Antisemitismus in Österreich zunehmend zum politischen Schlag- und Kampfwort. Die deutschnationale Partei, die 1885 gefordert hatte, den jüdischen Einfluss auf allen Gebieten des öffentlichen Lebens zu beseitigen, stellte 1895 den offen antisemitisch agierenden Bürgermeister Karl Lueger. Bereits 1891 wurde als Gegenreaktion auf solche Tendenzen ein »Verein zur Abwehr des Antisemitismus« gegründet.

Die katastrophalen Folgen des Antisemitismus zeigte 1894 in Frankreich die Dreyfus-Affäre. Der jüdische Hauptmann Alfred Dreyfus war wegen des vermeintlichen Verrats militärischer Geheimnisse verhaftet, verurteilt und lebenslang verbannt worden – zu Unrecht, wie sich nach den Protesten einflussreicher Intellektueller erwies, allen voran der naturalistische Schriftsteller Emile Zola. Ein Freund Schnitzlers hatte für Dreyfus in der *Frankfurter Zeitung* Partei ergriffen, war von einem französischen Diplomaten beleidigt worden und hatte sich mit diesem duelliert. Schnitzler gratulierte dem Freund, der glimpflich davongekommen war: »Du hast dich einfach prachtvoll benommen – auf Dein Tun und Schreiben hin allein müßte das Verfahren gegen Dreyfus neu eröffnet werden.« (22. November 1896) Das war eine mutige Äußerung, weil sie auf den Zusammenhang von Duellfrage und Antisemitismus hinweist. Der Beschluss des »Waidhofener Verbandes der Wehrhaften Vereine Deutscher Studenten der Ostmark« hatte 1896 Juden das Duell verboten:

> »Jeder Sohn einer jüdischen Mutter, jeder Mensch, in dessen Adern jüdisches Blut rollt, ist von Geburt aus ehrlos, jeder feineren Regung bar. Er kann nicht unterscheiden zwischen Schmutzigem und Reinem. Er ist ein ethisch tiefstehendes Subjekt. Der Verkehr mit einem Juden ist daher entehrend; man muß jede Gemeinschaft mit Juden vermeiden. Einen Juden kann man nicht beleidigen, ein Jude kann daher keine Genugtuung für erlittene Beleidigungen verlangen.« (Zitiert nach JW, S. 152)

Das ist die Sprache des rassischen Antisemitismus, der später zum Vernichtungsantisemitismus der deutschen und österreichischen Nationalsozialisten führte. Dem Juden wird hier mit der Ehre eine wesentliche Kategorie seines Menschseins abgesprochen.

Für einen Künstler wie Schnitzler, der sich vom traditionellen jüdischen Glauben abgewandt und der Kultur der Moderne zugewandt hatte, in der die Kunst als Religionsersatz fungierte, warf der rassische Antisemitismus das Problem der Zugehörigkeit auf. Der integrationswillige Jude darf im Zeitalter des Antisemitismus kein Jude bleiben. Er kann aber auch kein Deutscher werden. Schnitzler konnte nicht davon absehen, dass er ein Jude war. Er hatte, wie er in Notizen für seine Autobiographie schrieb, nur die »Wahl, für unempfindlich, zudringlich, frech oder für empfindlich, schüchtern, verfolgungswahnsinnig zu gelten« (JW, S. 322). Angesichts dieser Zwangswahl gewinnt Schnitzlers Wort vom »Judenlos« eine doppelte Bedeutung: Jude zu sein bedeutete das Los der Zugehörigkeit zu einer jüdischen Schicksalsgemeinschaft – auch wenn man die jüdische Herkunft und die Tradition des Judentums längst los zu sein meinte: »*Wer* hat zu entscheiden, wohin ich gehöre? Ich allein.« (Tagebucheintrag vom 27. November 1918)

3 Entstehungsgeschichte

Arthur Schnitzler gehört zu den Autoren, die ihre Stoffe fanden, nicht erfanden. Auch den Stoff der *Gustl*-Novelle entlehnte er einer tatsächlich vorgefallenen Geschichte, die dem Bekannten eines Freundes im Foyer des Wiener Musikvereinssaals widerfahren war. Was genau passiert ist, wissen wir nicht, wohl aber, was Schnitzler daraus gemacht hat: »eine Mini-Story um eine Beleidigung ohne Zeugen« (Renner, zitiert nach TM, S. 61). Schnitzler notierte als Grundidee: »Einer bekommt irgendwie eine Ohrfeige; niemand erfährt's. Der sie ihm gegeben, stirbt und er ist beruhigt, kommt darauf, dass er nicht an verletzter Ehre – sondern an der Angst litt, es könnte bekannt werden« (zitiert nach TM, S. 61).

Anhand der Notizen aus dem Freiburger Schnitzler-Archiv kann man verfolgen, wie der Autor diesen Einfall ausgebaut hat. Die Mini-Story, die wahrscheinlich im Jahr 1896 aufgezeichnet wurde, enthält den Vorfall (die ehrverletzende Ohrfeige), die Hauptgestalt (den Geschlagenen) und das Problem (Angst vor öffentlichem Ehrverlust). In einer späteren Notiz stattete Schnitzler den Fall mit konkreten Einzelheiten und Ortsangaben aus. Der Beleidigte ist ein Offizier, der Vorfall ereignet sich nach einem Konzert, der Wiener Prater und Kaffeehäuser sind mit im Spiel. Die dritte Stufe der Textentstehung – nach dem ersten Einfall und den Ergänzungen hatte Schnitzler im März 1900 Freuds *Traumdeutung* gelesen – ist eine im Mai desselben Jahres verfasste Skizze auf neun Blättern. Hier ist der handlungsauslösende Dialog an der Garderobe auf zwei Blättern schon weitgehend ausgearbeitet. Schnitzler hat diese Skizze mit der Überschrift »Ehre« versehen und damit auf das Leitmotiv der Handlung hingewiesen. Vor allem aber ist die Skizze bereits als Gedankenstrom der Hauptfigur abgefasst, als Innerer Monolog!

Das Gebäude des Wiener Musikvereins. Aufnahme von 1872.

Die erste vollständige Fassung der Novelle schrieb Schnitzler während seines Sommerurlaubs vom 14. bis 19. Juli 1900 im Kurhotel Thalhof in der Reichenau, dem Ort seiner früheren Liebe zu Olga Waissnix, die 1897 gestorben war. In einer knappen Woche entstanden 252 DIN A5-Manuskriptseiten, jeweils mit 11 bis 12 Zeilen beschrieben. Das Schreiben ging ihm offensichtlich sehr gut von der Hand. Am 17. Juli berichtete er dem Freund Hugo von Hofmannsthal von einer »ziemlich sonderbaren Novelle«, am Nachmittag des 19. Juli beendete er die handschriftliche Fassung, »in der Empfindung, daß es ein Meisterwerk« sei (zitiert nach ED, S. 27 f.).

Die fünfte und letzte Entstehungsstufe der Novelle ist die maschinenschriftliche Fassung vom September 1900. Schnitzler las daraus öffentlich in Breslau vor, später im Privatkreis in Wien. Diese Fassung trägt Spuren intensiver Überarbeitung. Die Satzübergänge laufen flüssiger ineinander über, Abkürzungen von einzelnen Wörtern sind ausgeschrieben, Nebenmotive wie das der Leutnantskappe abgeschwächt.

mein lieber Hugo, wenn Sie diesen Brief bekommen, sind Sie schon wieder zurück von Ihrem kleinen Ausflug und haben hoffentlich alle Verdrossenheit verloren. Ich wüßte wirklich nicht, was ich jetzt ohne Arbeit beginnen würde. Komme ich durch äußere Umstände, unruhige Verhältnisse durch einige Tage nicht dazu, wenigstens ein paar kurze Stunden zu schreiben, so versinke ich in eine wahre Schwermut. Hier bin ich nun im ganzen gut dran. Ob viel dabei herauskommen wird, bei dem nämlich was ich jetzt schreibe, ist ja noch nicht sicher, aber das wesentliche liegt ja wo anders. Nachher gibts ja beinah nur Ärger, ob einem was gelungen ist oder nicht. Ich habe hier ein kleines Lustspiel [*Die Quellen des Nil*] neu geschrieben [...] und bin jetzt mit einer ziemlich sonderbaren Novelle beschäftigt, die mir viel Freude macht. Von dieser hoff ich zuversichtlich, daß sie auch Ihnen andern Freude machen wird.

Arthur Schnitzler am 17. Juli 1900 aus Reichenau an Hugo von Hofmannsthal

Im Herbst bat Theodor Herzl (1860–1904), der befreundete Kulturredakteur der *Neuen Freien Presse* (und Wortführer der zionistischen Bewegung), um eine neue Novelle für die Weihnachtsbeilage seiner Zeitung. Schnitzler schickte ihm das Manuskript des *Lieutenant Gustl*. Angesichts des Umfangs der Novelle erklärte er sich zu etwaigen Kürzungen bereit, verbat sich aber einen Fortsetzungsdruck. So war er entsetzt, als ihm Herzl im Dezember eröffnete, die Novelle sei zu lang und er müsse sie aus »Raumrücksichten« in Fortsetzungen erscheinen lassen (vgl. Schnitzlers Brief an Herzl vom 22. Dezember 1900; zitiert nach TM, S. 63). Erbost war er auch darüber, dass der Text, der in der Weihnachtsbeilage vom 25. Dezember 1900 schließlich doch in einem Stück gebracht worden war, in einem Großteil der Auflage ohne die Schlussszene im Kaffeehaus (ab S. 42, Z. 5, der hier zugrunde gelegten Ausgabe) erschienen war, da dort aufgrund eines produktionstechnischen Fehlers die letzte Zeitungsseite fehlte. Die meisten Leser bekamen so den Tod des Bäckermeisters nicht mit. Verdruss bereitete auch die Gestaltung der Zeitungsseite. Die Novelle wurde »unter dem Strich« platziert, wo traditionell die Feuilletonbeiträge erschienen. Über dem Strich standen keine Werbe-Anzeigen wie sonst, sondern holprige Reimverse eines Wiener Schuhhauses. Immerhin konnte Schnitzler erreichen, dass auf seine Reklamation hin das Autorenhonorar von 150 Gulden für den Zeitungsvorabdruck verdoppelt wurde – ein Vielfaches von dem, was Autoren am Ende des 19. Jahrhunderts als Buchhonorar einkalkulieren konnten.

Die erste Buchauflage von *Lieutenant Gustl* erschien im Sommer 1901 in dem deutschen Verlag mit dem größten Namen, dem Samuel Fischer Verlag, der die meisten Autoren der Wiener Moderne unter Vertrag hatte. Die Startauflage betrug stattliche 7000 Exemplare. Noch im gleichen Jahr folgte die zweite Auflage. Bis 1914 waren 16 000 Exemplare des Buchs verkauft. Auf dem Titelblatt war eine Illustration des Wiener Künstlers Moritz Coschell zu sehen (abgebildet in TM, S. 65). Sie zeigt den Leutnant im Offiziersmantel in halb liegender Stellung auf einer Parkbank.

Prater Hauptallee
Nordbahnhof
Praterstraße
Aspernbrücke
Hofburg
Volksgarten
Ringstraße
Musikvereinsgebäude
Kaffeehaus Hochleitner

II Inhaltsangabe

1. Langeweile im Konzert und der Eklat mit dem Bäckermeister (S. 9–19)

Der 23- oder 24-jährige (vgl. S. 27) Leutnant Gustl sitzt in einem Abendkonzert. Er geht gelegentlich in die Oper oder Operette, *Lohengrin* hat er bereits ein Dutzend Mal gesehen (vgl. S. 33), in einem Konzert war er indessen noch nie. Seine Stimmung ist gereizt und unterschwellig aggressiv. Seine immer wieder abschweifenden Gedanken verraten, wie und warum er sich so stark langweilt und wofür er sich außerhalb der Welt der Hochkultur wirklich interessiert: für Frauen, für das Glücksspiel, für seinen Beruf beim Militär.

Bei dem Ort des Konzerts handelt es sich – laut einer nachgelassenen Notiz Schnitzlers – um den Wiener Musikverein am Karlsplatz im I. Wiener Gemeindebezirk. Auch der Tag der Handlung lässt sich aus dem Text entschlüsseln: Es ist der 4. April 1900 (vgl. S. 27), der Mittwoch vor Ostern. Gespielt wurde an jenem Abend tatsächlich das 1836 uraufgeführte und überall in Europa erfolgreiche Oratorium *Paulus* von Felix Mendelssohn-Bartholdy. Gustl hört und zitiert den letzten Vers aus dem Schlusschor des Oratoriums: »Ihr, seine Engel, lobet den Herrn« (S. 15).

Doch schenkt Gustl der musikalischen Darbietung kaum Beachtung. Mechanisch beteiligt er sich am Zwischenapplaus, beiläufig identifiziert er die Altstimme (die damals berühmte amerikanische Sängerin Edyth Walker) und die Sopranistin (Margarete Mertschilek, geborene Michalek). Viel mehr interessieren ihn die jungen Frauen im Publikum. Eine sitzt in der Reihe direkt vor ihm, in der Loge eine andere, die, wie er zuversichtlich meint, mit ihm durch Blicke kokettiert. Vergebens versucht er, die Schwester seines Kameraden Kopetzky, der ihm die Eintrittskarte zu dem Konzert geschenkt hat, unter den in einheitliches Schwarz gekleideten Chorsängerinnen zu erkennen. Grimmig denkt er an seine Freundin Steffi, eine Gelegenheitsprostituierte, die ihn an diesem Abend zugunsten eines jüdischen Reserveleutnants versetzt hat. Dies hat sie ihm in einem Brief erklärt, den er bei sich trägt, aber unter den kritischen Augen seines Konzertnachbarn nicht wiederzulesen wagt.

Neben den Frauengeschichten sind es persönliche Probleme, die Gustl gründlich die Laune verderben. Ihn plagen enorme Spielschulden. Im Kaffeehaus hat er am Vortag hundertsechzig Gulden verspielt (vgl. S. 11); dieser Betrag entspricht dem halben Monatseinkommen eines kleinen Beamten. Der Schock ist so groß, dass Gustl sich feierlich gelobt hat, einen Monat lang die Finger vom Kartenspiel zu lassen. Man erfährt, dass Gustl ein regelmäßiger, aber vom Pech verfolgter Glücksspieler ist und dass ihm schon häufiger ein reicher Onkel in Ungarn aus der Klemme geholfen hat (vgl. S. 12).

Auch mit Gustls Familie in Graz scheint es nicht zum Besten bestellt zu sein. Der Vater, ein kleiner Beamter, ist aufgrund einer unbestimmten »Kränkung« (S. 12) vorzeitig in Pension gegangen. Die Mutter leidet unter dieser Situation. Gustls 28-jährige Schwester Klara ist noch unverheiratet und lebt zu Hause (vgl. S. 12). Gedanken an eine mögliche eigene Heirat schlägt Gustl in den Wind. Lieber erinnert er sich an ehemalige unverbindliche Liebschaften.

Gustls größte Ablenkung ist der Gedanke an das Duell, das ihm am Nachmittag (um vier Uhr) des Folgetages bevorsteht. Stückweise rekonstruiert er den Hergang der Duellforderung: Kürzlich ist er auf einer gesellschaftlichen Feier in einen Wortwechsel mit einem Juristen (einem »Doktor«, S. 13) geraten, dem er von einem vaterländischen Fest berichtet hat. Der Jurist hat Zweifel daran anklingen lassen, dass junge Männer die Soldatenlaufbahn nur aus dem selbstlosen Motiv einschlügen, das Vaterland zu verteidigen. Das hat Gustl, der sich ungern daran erinnert, als Schüler vom Gymnasium geworfen worden zu sein, persönlich genommen. Er hat entgegnet, der Jurist solle sich nicht in Dinge einmischen, die ihn nichts angingen. Der Versuch eines Dritten, den Streit zu schlichten, ist gescheitert. Der Leser kann sich daraus leicht zusammenreimen, dass Gustl seinen Widersacher zum Duell gefordert hat. Gustl steckt immer noch voller Aggression und will seinen Gegner »kampfunfähig« schlagen (S. 15).

In diesem Zusammenhang denkt Gustl an frühere Duelle zurück, an eigene und fremde. Sein letztes Duell – mit dem Oberleutnant Bisanz – liegt anderthalb Jahre zurück (vgl. S. 13). An der Berechtigung von Duellen hat Gustl, der seine Handlung durch seinen vorgesetzten Oberst gedeckt weiß, überhaupt keinen Zweifel.

Als das Konzert zu Ende ist, drängelt Gustl ohne Not an der Garderobe. Dabei gerät er mit einem Bäckermeister, einem flüchtigen Bekannten, aneinander, der ihn um Geduld bittet und daraufhin von Gustl grob beleidigt wird. Der Bäckermeister hält nun seinerseits Gustls Säbel am Knauf fest und nennt ihn einen dummen Buben. Mit leiser Stimme droht er, den Säbel bei einer Eskalation des Streits zu zerbrechen (Gustl also zu entehren) und die Stücke der Waffe an sein Regimentskommando zu schicken. Gustl ist sprachlos und wehrlos. Während er noch einen öffentlichen Skandal fürchtet, hat sich der Bäcker bereits entfernt. Niemand sonst hat, so scheint es, etwas von dem Vorfall (vgl. S. 17–19) gemerkt.

2. Verzweiflung auf der Straße (S. 19–27)

Gustl hat das Konzertgebäude verlassen und befindet sich auf dem alleenartigen Ring, der den inneren Stadtbezirk Wiens auf einer Länge von vier Kilometern umgibt. Von dort aus geht er ziellos Richtung Norden über den Parkring zur

Panorama von Wien mit der Aspernbrücke im Vordergrund und dem Riesenrad (Prater) im Hintergrund. Aufnahme von 1912.

Aspernbrücke. Es ist, wie Gustl am Glockenschlag hört, elf Uhr abends (vgl. S. 21). Langsam, aber sicher steigert sich Gustls Angst, dass doch jemand etwas von dem Vorfall an der Konzerthausgarderobe mitbekommen haben könnte. Er wird gewahr, dass er niemandem von dem Vorfall an der Garderobe erzählen kann, ohne den Ehrverlust öffentlich zu machen, den er in vierfacher Weise erlitten hat: erstens durch den Übergriff und die beleidigende Äußerung des Bäckermeisters; zweitens durch seine ausgebliebene, allerdings in dieser Situation auch unmögliche Gegenwehr; drittens durch die nicht erfolgte Duellforderung, die aber auch nicht statthaft gewesen wäre, weil der Bäcker als Handwerker nicht satisfaktionsfähig ist; und viertens, weil er in seinem entehrten Zustand eigentlich gar nicht zu dem Duell mit dem Juristen antreten darf: Gustl hätte sich wehren müssen, vermochte es aber nicht, da er keine Gewalt über seine Waffe mehr hatte. Weil er seine verletzte Ehre gegen den Bäckermeister weder verteidigt hat noch überhaupt verteidigen konnte, kann er nun selbst nicht mehr Genugtuung (Satisfaktion) geben. Er kann kein Duell führen. Der einzige Ausweg für Gustl scheint zu sein, sich das Leben zu nehmen.

Fortan kreisen Gustls Gedanken um die Frage, wer Schuld an seiner Misere hat (Kopetzky, der ihm die Karte geschenkt, oder Steffi, die ihm abgesagt hat) und was die Kameraden, seine Vorgesetzten, die Familie und die Zeitungen über seinen Tod sagen würden. Egal, woran er denkt, an die Erlebnisse mit jüdischen Kameraden, an seine Stationierung in Galizien (der heutigen Ukraine), an seine Kaffeehausbesuche oder an das letzte Stelldichein mit Steffi – er kommt nicht los von der Zwangsvorstellung, sich »eine Kugel durch 'n Kopf jagen« (S. 25) zu müssen. Gefühle, gar Tränen verbietet er sich in dieser für ihn ausweglosen Situation.

3. Kein Vergnügen im Prater (S. 27–34)

Auf seinem Weg kommt Gustl kurz nach Mitternacht in den Prater, den Vergnügungspark im Nordosten Wiens, und lässt sich dort auf einer Bank nieder. Er legt die Leutnantskappe ab, kämpft gegen Müdigkeit und Hunger. Gustl beginnt mit Überlegungen, wann er sich erschießen soll – er entscheidet sich für sieben Uhr in der Frühe – und welche Verfügungen zuvor zu treffen sind. Aber auch hier fällt er sich immer wieder ins eigene Wort, schweift ab und lässt sich von alten Erinnerungen übermannen, vor allem von der Geschichte seiner Liebesabenteuer. Man erfährt, dass er seinen ersten sexuellen Kontakt mit achtzehn Jahren und später ein Verhältnis mit der Frau seines Hauptmanns in der polnischen Garnisonsstadt Przemysl hatte. Außerdem trauert er der scheinbar verpassten Chance nach, Frau Mannheimer, eine verheiratete Dame aus gutem jüdisch-großbürgerlichen Hause, zu verführen (vgl. S. 29).

Ein Impuls, noch einmal seine Familie zu sehen und dann zu sterben, führt zu Spekulationen über alternative Lebensentwürfe: Was wäre gewesen, wenn er nicht vorzeitig vom Gymnasium geflogen und in die militärische Kadettenschule gegangen wäre, sondern Ökonomie (Landwirtschaft) studiert, eine Stelle bei dem reichen ungarischen Onkel angetreten und Anna geheiratet hätte, die ihn geliebt hat (vgl. S. 30)? Doch der Gedanke, nach Amerika auszuwandern, dort sein Glück zu machen und vielleicht später nach Graz, nicht nach Wien zurückzukehren, wird alsbald verworfen.

Gustl hadert erneut mit seinem Unglück. Neben Kopetzky und Steffi macht er sein Pech im Spiel, das bevorstehende Duell und den anstrengenden Dienst dafür verantwortlich (vgl. S. 31 f.). Er denkt über den Tod nach und äußert Lebensüberdruss. Dann schläft er ermattet auf der Parkbank ein.

4. Böses Erwachen; in der Kirche (S. 34–44)

Um drei Uhr nachts wird Gustl wach. Sofort rotiert sein Kopf. Er steht auf, vergisst aber seine Mütze. Während er Richtung Nordbahnhof geht, denkt er erneut über sein Verhältnis mit Steffi nach, in dem ihn keinerlei Verpflichtungen binden und er ganz allein sein Vergnügen suchen kann, an die Kameraden beim Militär und an seine Familie. Und er denkt an den Bäckermeister, der nun für ihn schuld daran ist, dass er sich umbringen muss. Um ihn nicht unbeschadet davonkommen zu lassen, nimmt er sich vor, den Vorfall nach dem Konzert in einer dienstlichen Meldung festzuhalten. Ferner will er Steffis Briefe verbrennen und seine Bücher verschenken.

Auf seinem Weg beobachtet Gustl beiläufig Straßenkehrer, eine spärlich bekleidete junge Frau am Fenster, ins Geschäft gehende Frauen und marschierende Soldaten des 44. Ungarischen Infanterieregiments; einer deutet auf die fehlende Kopfbedeckung des Leutnants hin (vgl. S. 38 f.).

Das Riesenrad des Wiener Praters (»Wurstlprater«) im Bau. Aufnahme aus dem Jahr 1897.

Der Klang einer Orgel führt ihn in eine Kirche (die St. Nepomuks-Kirche in der Praterstraße oder der Stephansdom im I. Bezirk). Dort überfallen ihn Schwindel und Angst. Als ihm dämmert, wie einsam und verloren er ist, erwägt er kurz Beichte und Fürbitte, flieht aber dann aus der Kirche.

Der Frühstückshunger treibt Gustl in die Richtung der Kaffeehäuser auf der Ringstraße. Im Burghof der Hofburg blickt er anerkennend auf die bosnisch-herzegowinischen Wachsoldaten (vgl. S. 41). Er rekapituliert die zentralen Gedanken der letzten Stunden noch einmal im Zeitraffer: die spontane Idee der Flucht nach Amerika, seine Affären, die geplanten Briefe an die Familie, die zu schreibende Anzeige beim Regimentskommando, die Spielschulden. Mehrere potenzielle Briefanfänge werden erwogen und wieder fallengelassen, so auch ein fast schon im Kopf ausformulierter, wehmütiger Brief an die Schwester Klara (vgl. S. 43).

5. Ende ohne Schrecken im Kaffeehaus (S. 44–47)

Schließlich kehrt Gustl – mittlerweile ist es viertel vor sechs in der Frühe – in ein Kaffeehaus ein. Es ist das gleiche, in dem er und der Bäckermeister, an verschiedenen Tischen, abends gewöhnlich Karten gespielt haben. Gustl bestellt einen Milchkaffee, zieht den Fenstervorhang zur Straße zu und greift zur Morgenzeitung. Der Kellner bringt ihm Semmeln und teilt mit, dass der Bäckermeister um Mitternacht an einem Schlaganfall verstorben ist. Das habe ihm der Bäckerjunge gesagt, der um halb sechs die Brötchen gebracht hat. Diese für ihn überraschende Mitteilung nimmt Gustl, Mitleid heuchelnd, voller Schadenfreude zur Kenntnis. Er macht sich gegen alle Wahrscheinlichkeit weis, dass seine Frühstückssemmel vielleicht noch von seinem nun toten Gegner gebacken sein könnte. Herzensfroh beißt er hinein, bestellt sich eine gute Zigarre, zählt die anstehenden militärischen Vormittagstermine ab, plant ein Rendezvous mit Steffi für den Abend und ist wild entschlossen, seinem Gegner, dem Doktor, im nachmittäglichen Duell den Garaus zu machen.

Handlungsverlauf

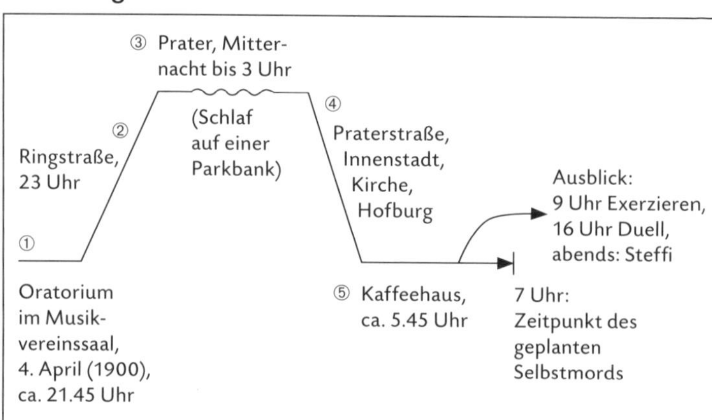

III Analyse und Deutung

1 Form

Struktur: Aufbau, erzählte Zeit, erzählter Raum

Schnitzler war ein geborener Dramatiker. Diese dramatische Naturbegabung kommt den Erzählungen zugute. Schnitzlers Novellen und Romane arbeiten regelmäßig mit dramatischen Spannungseffekten. Sie entwerfen dialogische Szenen, heben das Rollenspiel der Figuren hervor, kommen mit wenigen Requisiten aus. Die Zuspitzung der Handlung auf eine »unerhörte Begebenheit« (so Goethes klassische Definition der Novelle in seinem Gespräch mit Johann Peter Eckermann vom 25. Januar 1827), die Reduktion auf wenige Personen, die Pointe am Ende: Diese vom Drama auf die Novelle übertragbaren Merkmale weist auch *Leutnant Gustl* auf.

Die Novelle konzentriert sich auf eine herausgehobene Grundsituation (die Verletzung der Ehre) und auf eine Figur (Gustl). Daraus entwickelt sich in bündiger Folge die gesamte Handlung (Gustls Umgang mit der fatalen Situation). Der Zeitverlauf dieser Handlung ist exakt identisch mit dem Inneren Monolog Gustls. Das bedeutet, dass die Erzähl- und Lesezeit der Novelle fast (vgl. hierzu S. 48 dieses Bands) mit der erzählten Zeit übereinstimmt. Zudem weicht die Handlung nicht vom räumlichen Weg ab, den Gustl in der Nacht nimmt; der erzählte Raum ist Gustls Bewusstseinsraum und zugleich durchgängig ein öffentlicher Raum (Konzertsaal, Straße, Prater, Kaffeehaus). Die szenische Einheit der Erzählung ist dadurch gewahrt. Somit genügt die Novelle den Forderungen, die Schnitzler an seine dramatischen Einakter als »vorzüglich in sich geschlossene Stücke« stellte (so der Autor am 1. Oktober 1905 an den Theaterdirektor Otto Brahm).

Die Novelle lässt sich in fünf Teile gliedern. Diese Struktur ist nicht durch Kapitelüberschriften oder Nummerierungen gekennzeichnet, wird jedoch durch die Wiederholung eines rhetorischen Mittels angedeutet: Jeder der fünf Teile wird mit einer Frage eingeleitet, die einen Rückschluss auf Handlungsort und -zeit zulässt: »Wie lang' wird denn das noch dauern?« (S. 9), denkt Gustl im Konzertsaal, »Was, ich bin schon auf der Straße?« (S. 19) auf der Ringstraße, »jetzt bin ich gar im Prater [...] Wie weit bin ich denn da?« (S. 27 f.) auf der Parkbank im Prater, »Was ist denn? [...] Da liegt die Straße, grau, leer« (S. 34) auf dem Rückweg und »Wo ist denn der Kellner?« (S. 44) im Kaffeehaus.

Alle Zeit- und Raumangaben sind – auch daran zeigt sich Schnitzlers Erzählkunst – mit genauester Absicht in den Text eingefügt. Sie beginnen sogar fast wortgleich: »Wie lang' [...]?« (S. 9, 32 und 34) Dieser exakte »Stunden- und Raumplan« der Novelle (Fliedl 2002, S. 74) dient weniger der Orientierung der Hauptfigur, die sich zusehends in Raum und Zeit verliert; vielmehr führt er den Leser durch Gustls Bewusstseinsstrom. Die erzählte Zeit, in der die Handlung abläuft, beträgt etwa acht Stunden (von zehn Uhr abends bis sechs Uhr am folgenden Morgen). Diese erzählte Zeit ist nicht durchgehend deckungsgleich mit der Erzählzeit, das heißt der Zeit, die man braucht, um Gustls Gedanken zu lesen. Zieht man die mutmaßlich dreistündige Unterbrechung der Handlung ab, in der Gustl auf der Bank im Prater schläft, so bleiben fünf Zeitstunden, die auf (je nach Ausgabe) etwa 40 Textseiten verteilt sind. Auch die äußere Zeit, die durch Gustls Taschenuhr und den Schlag öffentlicher Uhren angezeigt wird, entspricht nicht der inneren Zeit. Gustls innere Uhr läuft anders. Dadurch signalisieren alle im Text markierten Zeitpunkte, dass Gustls Bewusstseinsstrom auf zwar verdeckte Weise, dafür aber umso wirkungsvoller auktorial durchformt ist.

Der erste Teil spielt im Konzertsaal, es ist »viertel auf zehn« (S. 9) am Abend (das heißt 21:45 Uhr); das üblicherweise circa 145 Minuten dauernde Oratorium neigt sich dem Ende zu. Der Name einer seinerzeit berühmten Oratoriensängerin (»Fräulein Walker«; S. 10) und das später genannte Datum »vierte[r] April« [1900] (S. 27) lassen auf den realen historischen Ort des Konzerts schließen, den Wiener Musikvereinssaal. Im zweiten Teil werden der Ort der Handlung (»auf der Straße«) ebenso wie markante Stationen des nächtlichen Spaziergangs (»Aspernbrücke«; S. 24) und die Zeit (»elf« Uhr; S. 21) deutlich benannt, im dritten ist der erzählte Raum der »Prater … mitten in der Nacht« (S. 27). Dieser Raum ist – im Unterschied zu den Innenräumen des ersten und fünften Teils und zu den auch nachts noch belebten Außenräumen des zweiten und vierten Teils – menschenleer, bis auf einen »Sicherheitswachmann« (S. 27) am Eingang und eine vorbeifahrende Kutsche (vgl. S. 32). Gustl, der sich als »der einzige Mensch im Prater« fühlt (S. 34), hat Zeit, zu sich selbst zu kommen.

Hat sich Gustl zuvor der Zeit mit einem Blick auf seine Taschenuhr oder durch das Mitzählen des Glockenschlags einer der Wiener Kirchturmuhren vergewissert, so deutet hier die ungenaue Zeitangabe darauf hin, dass sein inneres Zeitempfinden die Oberhand zu gewinnen beginnt: »Es muss Mitternacht vorbei sein … hab' ich's nicht früher schlagen hören?« (S. 32) Die Zeit gerät aus dem Takt; Gustl fühlt sich »müd', als wenn ich einen Marsch von zehn Stunden gemacht hätt'« (S. 28), und stellt wenig später fest: »Es ist grad, als wenn hundert Jahr' seitdem vergangen wären, und es kann noch keine zwei Stunden sein … « (S. 31).

Auch räumlich weicht Gustl von der gewohnten Ordnung ins »Nicht-Strukturierte, ins Unkontrollierte« (Fliedl 2002, S. 80) ab; bezeichnenderweise geht er die Ringstraße entgegen dem Uhrzeigersinn – er entläuft der objektiven Zeit.

Die zeitliche Zäsur zwischen dem dritten und dem vierten Teil wird durch eine Leerzeile im Text angezeigt (in der Erstausgabe auch durch einen langen Strich). Der Leser weiß nicht, wann genau Gustl im Prater eingeschlafen ist. Aber er weiß mit Gustl, dessen erster Blick nach dem Erwachen auf seine Uhr fällt, dass es nun »[d]rei« ist (S. 34); und wenig später, wie der Blick auf die Nordbahnhofsuhr zeigt: »[h]alb vier« (S. 36); auf Gustls Uhr ist es eigentlich halb fünf, weil die Eisenbahn die 1893 vorgenommene Trennung von Mitteleuropäischer Zeit in Österreich und Osteuropäischer Zeit in den österreichischen Kronländern nicht mitmachte. Auf dem Rückweg vom Prater in die Innenstadt setzt eine Zeitbeschleunigung ein, mit der zugleich die Spannung ansteigt, denn Gustl hat sich ja mit »morgen früh um sieben Uhr« (S. 28) selbst die Todeszeit gesetzt, der sich die erzählte Handlung nun unerbittlich nähert. Gustl – und mit ihm der Leser – weiß, wann es zu Ende sein soll mit seinem aus seiner Sicht entehrten Leben. Doch der zeitgenössische Novellenleser konnte darauf setzen, dass das Ende eine überraschende Wendung bereithält, die auch dem heutigen Filmzuschauer gut vertraut ist: die Rettung in letzter Minute. Bis es allerdings dazu kommt, hat Gustl noch einen weiten Weg vor sich. Er kommt sozusagen im Zeitraffer an der Tegetthoffsäule am Nordbahnhof vorbei, geht in eine Kirche in der Innenstadt, streift den Burghof und erreicht über die Ringstraße sein Stammkaffeehaus. Gustl eilt seinem Freitod entgegen. Ein kleiner Halbsatz fasst eine Viertelstunde zusammen: »Ist's schon sechs? – Ah, nein: halb – dreiviertel.« (S. 43) Auch hier zeigt sich: Gustls inneres Zeitregiment folgt nicht mehr dem Zeiger der äußeren Uhr. Erzählzeit und erzählte Zeit driften auseinander: Denkt Gustl im Konzertsaal und auf der Straße noch neun Seiten pro Stunde, so rast er nach dem Erwachen im Prater auf sechs Seiten durch drei Stunden.

Roman Kohnle als Leutnant Gustl in einer Bühnenversion von Arthur Schnitzlers Novelle als Ein-Personen-Stück. Gastspiel im Theater Freiburg aus dem Jahr 2006.

Gustls Bewusstsein des nahen Todes lässt die Minuten, die bis zum Ablauf der von ihm selbst gesetzten Frist verrinnen, dahinrasen. Insofern kann man die – für einen Sonnenaufgang in Wien um vier Uhr Anfang April – ziemlich ungewöhnlichen Angaben »es dämmert ja schon« und »wird schon lichter« (S. 34) auf Gustls Inneres beziehen. Es dämmert ihm, wie es um ihn steht; zum Vorschein kommt, was Schnitzler »Mittelbewusstsein« und Freud »Es« nennt. Erst im letzten Absatz, als sich die Anspannung aufgelöst hat, holt den Leutnant der normale Zeitablauf des Militärdienstes wieder ein. Gleich fünf Zukunftszeitangaben prallen hier aufeinander: das kalte Abreiben »[i]n einer Viertelstund'«, Gewehrkontrolle und Exerzieren »um halb acht« und »um halb zehn«, das Rendezvous mit Steffi »heut' Abend« und, zuvor, das Duell mit dem Doktor »um vier« (S. 47). Mit diesem festen Zeitplan ist – nach einer Nacht der Todesangst – der Tag gerettet.

Sprache

Die deutsche Hochsprache, die an den deutschsprachigen Schulen verbindlich gelehrt wird, hat sich aus der Bühnensprache und der Literatursprache des 18. und 19. Jahrhunderts entwickelt. Die Beschlüsse über die Einheitlichkeit der deutschen Rechtschreibung, festgelegt im erstmals 1880 aufgelegten *Duden*, wurden 1902 vom österreichischen Reichsrat, vom Bundesrat in Deutschland sowie in der Schweiz, also im gesamten deutschsprachigen Raum, umgesetzt. Sie erfüllten im Habsburgerreich den Zweck, wenigstens im Schriftdeutschen Ordnung in die Sprachenvielfalt des Vielvölkerstaats zu bringen; um 1900 sprachen in Österreich etwa 10 Millionen Menschen Deutsch, 6,5 Millionen Tschechisch, 5 Millionen Polnisch. Als *Lieutenant Gustl* erschien, galten noch keine einheitlichen Rechtschreibregeln für die Schriftsprache. Der Setzer konnte sich also an die Zeichensetzung und Schreibweisen halten, die der Autor in der Handschrift recht freimütig angewandt hatte. In den späteren Auflagen der Novelle ist die Orthographie des Textes modernisiert worden. Aus »giebt« wurde »gibt«, »nervos« wurde zu »nervös«, »Kontenance« zu »Contenance«. Die uneinheitliche Groß- und Kleinschreibung bei den Zeitangaben (»halb Zehn«, »halb acht«) wurde vereinheitlicht. Die auffälligste Neuerung betraf den Titel der Novelle: Bei der Neuauflage von 1914 wurde der damals in französischer Schreibweise gebräuchliche Titel *Lieutenant Gustl* zu *Leutnant Gustl* modernisiert.

Im Namen des Titelhelden tritt eine sprachliche Besonderheit der Novelle zutage: die österreichische Prägung der deutschen Sprache. Gustl ist eine ostösterreichische Variante des Namens Gustav. Namensgeschichtlich ist »Gustav« eine Eindeutschung des lateinischen Namens »Augustus« (so hieß der erste römische Kaiser), der wörtlich übersetzt »der Ehrwürdige« bedeutet und über das Stammverb »augere« (»vergrößern«) mit dem Substantiv »auctor« (»Urheber« / »Dichter«) verwandt ist. Die Verniedlichungsform »Gustl« lässt diesen Anspruch auf Größe schrumpfen; die Auslassung des »e« (von »Gustel«) ist typisch für die Wiener Stadtmundart. Durchgängig finden sich in der Novelle solche Tilgungen von Anlauten (Aphärese) und von Auslauten (Apokope): »wer sieht's denn?« (S. 9), »geh'n«, »Warten S' nur, Herr Doktor« (S. 10), »Jud'« (S. 11). Die zusammengezogenen Wörter verstärken den Eindruck der Mundartlichkeit, beschleunigen den Satzfluss und geben darüber hinaus bis in die Lautgestalt die verknappte, schnoddrige Ausdrucksweise wieder, die kennzeichnend für den Umgangston im österreichischen Militär war. Dieses »Armeedeutsch« (Politzer, zitiert nach ED, S. 83) spiegelt die Denkweise eines einfachen jungen Soldaten, die eben nicht des gewählten Ausdrucks der Zivilisten bedarf: »›Herr Leutnant, Sie werden mir doch zugeben, dass nicht alle Ihre Kameraden zum Militär gegangen sind, ausschließlich um das Vaterland zu verteidigen!‹« (S. 14) Allerdings sind Gustls Gedanken zum größeren Teil grammatisch vollständige Sätze; abgebrochene Sätze sind in der Minderzahl: »Aber sie möchten was merken …«, befürchtet Gustl, sollte er die Eltern vor dem Selbstmord noch einmal besuchen, und fährt dann fort: »wenn niemand anders … die Klara … die Klara gewiss … Die Klara ist ein so gescheites Mädel …« (S. 30) Damit lässt Gustl offen, ob Klara von seiner Absicht ahnen würde, weil sie so »gescheit« ist, oder weil sie, eben aus Liebe zu ihrem Bruder, Gustl so etwas nicht zutrauen würde. Der Gedanke an einen alternativen Lebensentwurf – »Ob nicht alles ganz anders geworden wär', wenn ich zu Haus geblieben wär'?« (S. 30) – ruft diese unruhige Erwägung wieder zur Ordnung. So weit wie James Joyce mit dem Inneren Monolog der Molly im *Ulysses* (1922), der aus unzusammenhängenden Satz- und Wortfragmenten besteht, geht Schnitzler nicht.

Schnitzler nähert die Sprache der Novelle so weit wie möglich der gesprochenen Sprache an, beispielsweise mit vielen Fragewörtern und mit umgangssprachlichen Füllwörtern (»denn«, »halt«, »ja«, »auch«). Es ist und bleibt aber eine Schriftsprache. Reine Milieudialekte wie in den naturalistischen Dramen Gerhart Hauptmanns fehlen. Die Sprache im *Gustl* ist somit nicht ganz mit Gustls Sprache identisch. Sie ist letztlich die Sprache des Gustls Bewusstsein steuernden Erzählers. Ein sichtbares Signal dieser auktorialen Sprachkontrolle sind die Gedankenstriche und Auslassungspunkte. Diese impressionistischen Stilmittel strukturieren die Sprachgestalt des Textes. Die Gedankenstriche werden gesetzt, um einen Gedanken abzubrechen und zu einem neuen überzuleiten. Der Gedankenstrich ist Karl Kraus zufolge also ein Strich durch den Gedanken. So folgt dem schmachtenden Liebesseufzer die Suche nach dem Sündenbock: »O Steffi, Steffi, Steffi! – Die Steffi ist eigentlich schuld, dass ich dasitz' und mir stundenlang vorlamentieren lassen muss.« (S. 11) Anders die drei Auslassungspunkte: Sie formulieren Überleitungen, stehen für kurzes Schweigen, für Denkpausen. Die Auslassungspunkte sind Zeichen für die verstreichende Zeit. Der Frage und dem Vorsatz Gustls, herauszubekommen, was er sich im Musikvereinssaal eigentlich anhört, folgt die bestätigende Handlung: »Was ist es denn eigentlich? Ich muss das Programm anschauen … Ja, richtig: Oratorium!« (S. 9)

Eine weitere wichtige sprachliche Eigenart der Novelle sind die Anführungszeichen für die direkte Rede. Im Manuskript und in der ersten Buchausgabe (nicht aber im Zeitungserstdruck) steht die direkte Rede Gustls in einfachen, die direkte Rede anderer Personen (Bäckermeister, Kellner) jedoch in doppelten Anführungszeichen. Schnitzler hält dadurch die aktuelle wörtliche Rede anderer Personen einerseits und das von Gustl laut Gesagte sowie die von Gustl erinnerte wörtliche

Rede anderer Personen (etwa des »Doktors«, S. 14) andererseits auseinander. Wenn Gustl den Bäckermeister in Gedanken erst polemisch einen »Dicke[n]« und umgangssprachlich einen »Kerl« nennt, dann förmlich mit »Herr« anredet und selbst wiederum mit »Herr Leutnant« angesprochen wird (S. 17 f.), dann sind hier wenigstens drei Sprachebenen im Spiel.

Der Innere Monolog

Schnitzler hat den Inneren Monolog nicht erfunden und auch nicht als Erster angewendet. Aber er hat die erste Erzählung in deutscher Sprache geschrieben, in welcher der Innere Monolog konsequent als literarische Technik zum Einsatz kommt. Das Wort »Innerer Monolog« taucht schon 1845 bei Alexandre Dumas dem Älteren (1802–1870) auf (»monologue intérieur«). Es etabliert sich aber erst nach 1930 als wissenschaftlicher Fachbegriff, und zwar in einem Werk von Édouard Dujardin (1861–1949), der die Technik Jahrzehnte zuvor in seinem Roman *Les lauriers sont coupés* (1888) eingeführt hatte; Schnitzler hat diesen Roman nachweislich im Oktober 1898 gelesen. Seine Anwendung des Inneren Monologs hat ansteckend auf die europäische Literatur im 20. Jahrhundert gewirkt. Neben Joyce sind Alfred Döblin, Thomas Mann und Virginia Woolf große Meister dieser Erzählweise.

Der Innere Monolog ist erzähltheoretisch (nach Franz K. Stanzel) eine Möglichkeit des personalen Erzählerverhaltens. Von Erzählen im Sinne einer Ordnung der Ereignisse kann man im *Leutnant Gustl* jedoch nur sehr eingeschränkt sprechen. Eine Person plaudert aus der Ich-Perspektive all das aus, was ihr durch den Kopf geht, ohne von einem auktorialen Erzähler bevormundet zu werden. In der Theorie des französischen Narratologen (Erzählforschers) Gérard Genette bezeichnet der Innere Monolog eine Möglichkeit der »internen Fokalisierung«. Die Fokalisierung (der Begriff hat mit der

Fokalisierung: Aus welcher Perspektive wird erzählt?

Nullfokalisierung	Übersicht	Erzähler > Figur: Der Erzähler weiß bzw. sagt mehr, als die Figur weiß bzw. sagt.	auktoriales Erzählverhalten
interne Fokalisierung	Mitsicht	Erzähler ≈ Figur: Der Erzähler sagt nicht mehr, als die Figur weiß.	auktoriales bzw. personales Erzählverhalten a) fixiert auf eine Figur (autonomer innerer Monolog) b) zwischen mehreren Figuren wechselnd (variable oder multiple interne Fokalisierung)
externe Fokalisierung	Außensicht	Erzähler < Figur: Der Erzähler sagt weniger, als die Figur weiß.	neutrales Erzählverhalten

Scharfeinstellung einer Kamera zu tun) bezeichnet den Standpunkt, von dem aus das Erzählte vermittelt wird. Beim Inneren Monolog liegt dieser Standpunkt in der Person, die zu sich selbst spricht bzw. laut denkt. Der Vorteil von Genettes Erzähltheorie liegt darin, dass bei der Fokalisierung stets zwischen dem Erzähler und der Figur unterschieden wird. Bei der »Nullfokalisierung« weiß bzw. sagt der Erzähler mehr, als die Figur weiß bzw. sagt; er (und mit ihm der Leser) behält die Übersicht. Bei der »externen Fokalisierung« sagt der Erzähler weniger, als die Figur weiß; er nimmt gegenüber der Figur eine Außensicht ein, kann also nicht ihre Gedanken lesen. Bei der »internen Fokalisierung« sagt der Erzähler kein Wort mehr, als die Figur weiß; der Erzähler hat eine »Mitsicht«. Er nimmt die erzählte Welt mit ihren Augen wahr, spricht die Sprache der Figur, kann aber den Verlauf ihrer Rede steuern: durch grammatische oder rhetorische Signale. In der Erlebten Rede etwa macht sich der Erzähler durch den Gebrauch der Vergangenheitsform (Präteritum) und der dritten Person sowie durch einleitende Redeformeln (verba dicendi) wie »dachte er« bemerkbar und grenzt sich so von der Sprache (nicht der Perspektive) der Figur ab. Der Eingangssatz in *Leutnant Gustl* könnte, umgeschrieben in erlebte Rede, so lauten: »Wie lange sollte das Oratorium noch dauern, dachte er und musste auf seine Uhr schauen.« (Vgl. S. 60 dieses Bands.) Der Innere Monolog verzichtet auf diese Distanzmittel. Er ist gekennzeichnet durch 1. grammatische, 2. narrative und 3. psychologisch-inhaltliche Merkmale:

1. Grammatisch herrschen die Gegenwartsform und die erste Person Singular vor. Interjektionen (Ausrufe), alltags- und umgangssprachliche Redewendungen prägen den Sprachstil. Der Leser liest also unmittelbar das, was die Figur denkt. Deshalb eignet sich der Innere Monolog besonders gut zur direkten Wiedergabe von Gedanken und Gefühlen, Außenwahrnehmungen, Selbstbeobachtungen, Erinnerungen. Auf diese Weise ist der Innere Monolog ein typisches Stilmittel des literarischen Impressionismus. Zugleich ist er ein Produkt der Zeit, des nervösen Zeitalters um 1900. In ihm laufen die Einflüsse der Traumtheorie Freuds, die Impulse der Neuen Psychologie und die Hinwendung der Literatur zum Innenleben zusammen. Die zentrale Frage, die den Erzähler Schnitzler dazu bewogen hat, nach einem neuen Stilmittel jenseits der klassischen Formen des Selbstgesprächs, der freien indirekten Gedankenwiedergabe und der erlebten Rede zu suchen, lautet: Wie stellt man die nicht laut gesprochene, sondern gedachte Sprache einer Figur dar?

2. Das narrative Merkmal des Inneren Monologs ist der Verzicht auf einen sich einschaltenden übergeordneten Erzähler. Der Leser erhält damit einen ungefilterten Einblick in Gustls Kopf. Logische Verknüpfung von Gedanken, Begründung von Gefühlen, chronologische Ordnung von Erinnerungen darf man von dieser »Gustl Technik« (Tagebucheintrag

vom 14. Dezember 1922) nicht erwarten. Es kommt darauf an, unkontrollierte Reflexe und Gefühlsregungen, Standesvorurteile, unterdrückten Sozialneid und spontane Erinnerungen zur Sprache zu bringen, Elemente also aus dem (wie Schnitzler es nennt) Mittelbewusstsein. Aber alle diese Elemente werden mit leichter auktorialer Hand in eine Reihenfolge gebracht. Hinzu kommen die oben genannten schriftsprachlichen Merkmale der Interpunktion und der grammatisch angepassten Mundart. Damit erlaubt es der Innere Monolog dem Leser, mehr zu sehen, als die Figur sieht. Er kann sich ein besseres Bild als sie selbst von ihr machen und ihre Gedanken durchschauen. Gustl ist ja ein »Mensch, der sich selbst nicht zu Bewusstsein kommt« (Renner in SBB, S. 87). Der Innere Monolog enthüllt somit mehr, als Gustl bei vollem Sprachbewusstsein lieb sein könnte; er ist insofern eine »Reflexion wider Willen« (Laermann, zitiert nach ED, S. 89).

Die Grenzen von Gustls Bewusstsein kann Gustl selbst nicht erkennen, nur der Leser, den der Erzähler über Gustls Bewusstseinsrand hinausschauen lässt. Gustls Mittel- oder Vorbewusstsein, das im Inneren Monolog zum sprachlichen Ausdruck kommt, ist sozusagen ein blinder Passagier, der Leser kann indessen »gleichsam als sehender Passagier im Kopf Gustls dabei« sein (Fliedl 2002, S. 73).

3. Das psychologische Merkmal des Inneren Monologs ist die Charakterisierung der Figur von ihrem Innenleben her. Der Innere Monolog sendet Seelenlebenszeichen. Der Leser sieht und hört nur das, was Gustl sehen und hören will, er denkt mit ihm und kann sich in ihn einfühlen. Das Einzige, was Gustl gar nicht hören will, ist die beleidigende Äußerung des Bäckermeisters. Diese Äußerung löst dann auch prompt den Konflikt aus. Und das Einzige, womit Gustl nicht zu hören gerechnet hat, ist die vom Kellner überbrachte Todesnachricht des Bäckers – die Lösung des Konflikts.

Arthur Schnitzlers »Leutnant Gustl« in der Bühnenfassung von Ernst Lothar 1978 im Wiener Theater in der Josefstadt.

Sicherlich steht die »Gustl Technik« im Zusammenhang mit Freuds Theorie des Unbewussten. Freud hat Schnitzlers Novelle, Schnitzler hat Freuds Traumtheorie gelesen. Doch kann man keinen unmittelbaren Einfluss in die eine oder andere Richtung nachweisen.

Wichtiger ist es, die Unterschiede festzuhalten: Freuds Psychoanalyse ist medizinische Diagnose und Therapie, Schnitzlers Novelle ist ein erzählerisches Experiment mit den Mitteln der Psychologie. Es kommt Schnitzler darauf an, Gustls Seelenleben zu beschreiben, nicht zu behandeln. Dabei verwendet er künstlerische Darstellungstechniken, die auch Freud untersucht hat: das assoziative Springen der Gedanken, die Wortspiele (»Selbstmordsrausch«, S. 25), die oft zwanghafte Wiederholung (zum Beispiel des Denkens an »Zuhaus«, S. 27) und die Versprecher (vgl. 11). Festzuhalten bleibt: Schnitzlers innovative Erzähltechnik des Inneren Monologs ist keine Anwendung, aber eine literarische Form der Psychoanalyse.

Gedankenrede: Wie werden Gedanken einer Figur im narrativen Text präsentiert?

Bewusstseinsbericht	Der Erzähler berichtet mit seinen Worten aus der Sicht der Figur.	Präteritum, Indikativ, Er- oder Ich-Erzähler	Leutnant Gustl fragte sich, wie lange das Oratorium noch dauern sollte, und beschloss im gleichen Moment, auf seine Taschenuhr zu schauen.
indirekte Rede	Der Erzähler gibt die Rede der Figur in deren Worten aus seiner übergeordneten Sicht wieder.	*verba dicendi* (z. B. „sagte er", „dachte er"), indirekte Rede im Konjunktiv, Er- oder Ich-Erzähler	Gegen Ende des Oratoriums fragte sich Gustl, wie lange das denn noch dauern werde, und dachte, er müsse jetzt auf die Uhr schauen.
erlebte Rede	Der Erzähler leiht der Figur seine Sprache und sieht mit ihren Augen.	*verba dicendi,* Präteritum, Indikativ, meistens Er-Erzähler	Wie lange sollte das Oratorium noch dauern, dachte er und musste auf seine Uhr schauen.
Gedankenzitat	Der Erzähler zitiert die Gedanken der Figur.	*verba dicendi,* Anführungszeichen der Rede, Er- oder Ich-Erzähler	»Wie lange wird denn das noch dauern? Ich muss auf die Uhr schauen«, dachte er / ich.
autonomer Innerer Monolog	Der Erzähler gibt das Selbstgespräch der Figur wieder.	Präsens, unregelmäßige Interpunktion, Mundart, Ich-Erzähler	Wie lang' wird denn das noch dauern? Ich muss auf die Uhr schauen ... (S. 9)
Bewusstseinsstrom ***(stream of consciousness)***	Der Erzähler taucht in den Gedanken der Figur ganz unter.	agrammatische Fügungen, keine oder nur spärliche Interpunktion, Umgangssprache, Ich-Erzähler	Wie lang' denn noch verflixt muss auf die Uhr schauen ...

Die beiden Übersichten auf den Seiten 56 und 60 in Anlehnung an zwei Schemata in: Matias Martinez und Michael Scheffel: Einführung in die Erzähltheorie. 6. Auflage. München: Verlag C. H. Beck 2005, S. 64 und 62.

2 Figuren

Gustl

Gustl ist Offizier, Glücksspieler, Frauenheld, maßvoller Kulturkonsument. Doch muss man bei der Analyse der Figur darauf achten, dass die Novelle außer der abschätzigen Äußerung des Bäckermeisters (»dummer Bub«, S. 18) keine Meinung anderer über ihn enthält. Der Leser erfährt nichts über ihn, was Gustl nicht selbst denkt oder zumindest in Gedanken rekapituliert, hat aber – im Hinblick auf den gesamten Gedankenstrom – einen Vorteil: Er kann die einzelnen Gedanken und Gefühle der Figur miteinander verknüpfen und sich ein eigenes Bild von Gustl machen, das auch kritische Züge nicht ausspart.

Zunächst ist Gustl Soldat. Der Titel der Novelle meldet seinen Rang, der vor dem Eigennamen steht: Leutnant. Mit »Herr Leutnant« wird er mehrfach angeredet, so redet er sich sogar selbst an (vgl. S. 27), und die vertrauliche Namensform »Gustl« scheint außer ihm selbst (vgl. S. 24) nur eine einzige Person, seine Jugendgefährtin Anna, zu verwenden (vgl. S. 30). Als Leutnant befindet sich Gustl noch am relativ unteren Ende der militärischen Hierarchie der Offiziere. Über ihm stehen Oberleutnants, Hauptmänner, Majore, Oberste, Oberstleutnants und – ganz oben – die Generalität. Gustl hat nach seiner abgebrochenen Gymnasialzeit eine typische Laufbahn bei der österreichischen Armee begonnen: Er hat die Kadettenschule besucht, die Offiziersausbildung absolviert und ist innerhalb von zwei Jahren vom »Stellvertreter« zum »Leutnant« aufgestiegen (S. 27). Eine weitere Beförderung ist seither ausgeblieben.

Eine seiner liebsten Erinnerungen ist, wie er »das erstemal den Rock [den Uniformrock] angehabt« hat (S. 14). Er übt in Friedenszeiten einen kriegerischen Beruf aus, weshalb er sich nichts sehnlicher wünscht als den Ernstfall des Kriegs (vgl. S. 33); ferner ist er autoritätshörig und freut sich, dass er »nicht der einzige Offizier« im Konzert gewesen ist: »Oh, ein Major von Fünfundneunzig … Sehr liebenswürdig hat er gedankt« (S. 16). Das Militärische ist ihm nicht nur in Fleisch und Blut, sondern auch in die Sprache übergegangen. Häufig verwendet er den Militärjargon. Mit dem Spruch »Man muss gelegentlich ein Exempel statuieren« (S. 13) rechtfertigt er das Duell gegen den »Doktor«. Er findet es einerlei, ob man »zu einem Rendezvous geht oder auf Posten oder in die Schlacht« (S. 36). Das nächste Treffen mit Steffi will er um jeden Preis durchsetzen, »und wenn's Graz gilt« (S. 47; die Redewendung wird dem aus Graz stammenden Habsburgerkaiser Ferdinand II. zugeschrieben).

Materiell ist Gustl nicht gut gestellt. Er muss für seine Ausrüstung selbst aufkommen. Für eine Laufbahn in der eleganteren Kavallerie reichen seine Mittel nicht, da ein Pferd seinen ganzen Jahressold kosten würde. Und weil ein Single-Haushalt fast das komplette Monatsgehalt eines Leutnants (50 bis 70 Gulden) verschlingen würde, zieht er es vor, in der Kaserne zu wohnen, wo ihm nur ein Bursche (»Johann«, S. 47) zur Verfügung steht. Von seinen Eltern kann Gustl keine finanzielle Unterstützung mehr erwarten; der Vater ist vorzeitig pensioniert, die Mutter kränkelt, die vier Jahre ältere Schwester Klara ist unverheiratet und lebt noch zu Hause. Mit dem Glücksspiel, den Opernabenden und seinen kostspieligen Liebeleien, Ausfahrten und Ballbesuchen lebt Gustl – wie so viele junge Offiziere der Epoche, in der alles Militärische ein hohes Prestige genoss – eindeutig über seine Verhältnisse. Er hängt von seiner Familie und gelegentlichen Geldgeschenken eines reichen Onkels ab. Eine Frau beziehungsweise eine Familie könnte er gar nicht ernähren. Deshalb schreckt er vor dem Gedanken an Heirat zurück.

»Bravo, bravo! Jetzt wird's doch bald aus sein?« (S. 11) Alexander Wächter als Leutnant Gustl im Theater in der Josefstadt (1978).

Das Militärische ist sein Lebensinhalt. In Uniform sitzt er am Anfang im Konzert, mit Gustls Gedanken an das Exerzieren endet die Novelle. Sein kriegerischer Beruf erstickt seine Individualität. Er definiert sich über die Zugehörigkeit zu einem Kollektiv, erkennbar an der Uniform und den Initialen des Monarchen auf der Säbelquaste. Insofern ist Gustl ein Standesvertreter der Monarchie, der mehr sein will, als er ist. Sein Problem ist, dass er aus einer bürgerlichen Grazer Familie entstammt und damit zwar Zugang zu den höheren militärischen Rängen hat, die zuvor dem Adel vorbehalten waren, nicht aber das Selbstbewusstsein der alten Adelsklasse. Daraus resultiert eine explosive Mischung von Aufstiegsmentalität, Dünkel und Minderwertigkeitskomplex. Die Bürger in Offiziersuniform übertünchten ihre soziale Unsicherheit, indem sie sich gegenüber Zivilisten und Akademikern überheblich aufführten und besonders die Minderheit der Juden ausgrenzten, selbst in militärischen Kreisen.

Alle Figuren, die in Gustls Gedanken vereint sind, ergeben ein Panorama der zeitgenössischen österreichischen Gesellschaft: Schauspielerinnen, Sängerinnen, verheiratete Frauen, süße Mädels, Prostituierte, Maler, Juristen, Handwerker, Straßenkehrer, Kellner, Kameraden und Vorgesetzte bei der Armee und schließlich auch »Seine Hoheit« (S. 15 und 32), ein Angehöriger des habsburgischen Herrscherhauses. Von allen erfährt man nicht viel mehr als Rang und Namen (bei den Frauen ist das in der Regel der Vorname, bei den Männern der Nachname). Gustls soziale Perspektive ist vom Standesbewusstsein des kleinen Offiziers bestimmt, und jeder, der die Ehre seines Stands antastet, wird erbittert bekämpft. Doch Gustls militärische Laufbahn beruht auf einem verdrängten Misserfolg. Sein unverarbeitetes Trauma ist, dass »sie« ihn »aus dem Gymnasium hinausg'schmissen haben« und er »deswegen in die Kadettenschul' gesteckt worden« ist (S. 14). Die später in Gedanken mehrmals zurückgerufene Kränkung »dummer Bub« (S. 19, 21, 31, 33 f.) bricht dieses Trauma auf.

Gustls Frauen

In der Literatur der Moderne spielen zwei Frauentypen eine besondere Rolle: die Femme fatale und die Femme fragile. Die Femme fatale ist die furchterregende Frau: Oscar Wildes Salome (*Salome. A Tragedy in One Act*, 1894) oder Frank Wedekinds männerverschlingende Lulu (aus den Tragödien *Erdgeist* von 1895 und *Die Büchse der Pandora*, deren Erstfassung 1904 erschien). Die Femme fragile ist die furchtsame Frau, die sich noch nicht emanzipieren kann oder noch nicht emanzipieren will, beispielsweise die Titelfigur in Theodor Fontanes Roman *Cécile* (1886) oder Frauenfiguren in den Romanen und Erzählungen Eduard von Keyserlings. Es sind weibliche Gestalten männlicher Autorenphantasien, die insofern soziale, nicht nur biologische Geschlechterrollen einnehmen. Die Extreme der

Femme fatale und der Femme fragile verdeutlichen das um 1900 viel diskutierte ›Unbehagen der Geschlechter‹. Freud hat sich mit der Deutung weiblicher Träume beschäftigt, Otto Weininger hat die Frau in seinem damals viel beachteten Werk *Geschlecht und Charakter* (1903) als sittlich minderwertig beschrieben. So holzschnittartig sind Schnitzlers Frauengestalten nicht gezeichnet. Mit der selbstbewussten Fräulein Else oder mit Therese (vgl. S. 17 dieses Bands) nimmt er Partei für Frauen, wenngleich er letztlich der traditionellen Ordnung der Geschlechterverhältnisse verhaftet bleibt. Die Schicksalswege seiner Frauengestalten enden meist so, wie es die sozialen Normen vorsehen. Der Schritt vom Wege wird bestraft.

Gustls Frauen gehören in erster Linie der Klasse der süßen Mädels an. Schnitzler hat sie einmal so beschrieben:

> Prototyp einer Wienerin, reizende Gestalt, geschaffen zum Tanzen [...] geschaffen zum Küssen – ein Paar glänzende lebhafte Augen. Kleidung von einfachem Geschmack und dem gewissen Grisettentypus – der Gang hin und her wiegend – behend und unbefangen – die Stimme hell – die Sprache in natürlichem Dialekt vibrierend [...] verdorben [...] ohne Sündhaftigkeit, unschuldsvoll ohne Jungfräulichkeit, ziemlich aufrichtig und ein bißchen verlogen, meistens sehr gut gelaunt und doch manchmal mit flüchtigen Sorgenschatten über der hellen Stirn (JW, S. 111 und 147).

So könnte man sich Gustls Freundin Steffi vorstellen. Sie amüsiert sich gerne (vgl. S. 26) und hat einen reichen Galan, den Gustl widerwillig dulden muss, weil ihm das Geld fehlt, um sie jeden Abend auszuhalten. Dadurch hat das Verhältnis für ihn jedoch auch seine bequemen Seiten: »wenn man nur gelegentlich engagiert ist und ein anderer hat die ganzen Unannehmlichkeiten, und ich hab' nur das Vergnügen« (S. 35).

Die erste Person, auf die Gustls Blick in der Novelle fällt, ist ein hübsches »Mädel drüben in der Loge« (S. 9 f.). Im Verlauf des Monologs wird noch vieler anderer junger Frauen gedacht. Die Namen vergisst Gustl gerne: »Ob so ein Mensch Steffi oder Kunigunde heißt, bleibt sich gleich.« (S. 33) Wichtiger sind Aussehen und »bildhübsch[e] Figur« (S. 11). Vor seiner gegenwärtigen fatalen Lage flüchtet sich Gustl in der Nacht, von der er lange glaubt, dass sie seine letzte sein wird, bevorzugt in »[s]chöne Erinnerungen« (S. 10) an Frauengeschichten: »Im Volksgarten hab' ich einmal eine angesprochen – ein rotes Kleid hat sie angehabt – in der Strozzigasse hat sie gewohnt – nachher hat sie der Rochlitz übernommen ...« (S. 42). Das ist die »wohl kürzeste Liebesgeschichte der deutschen Literatur« (Fliedl 2002, S. 88). Selbst Steffi ist nur ein austauschbares Glied in der Kette wechselnder Liebeleien: »Nach der Steffi wär' ja noch manche andere gekommen und am End' auch eine, die was wert ist – junges Mädel aus guter Familie mit Kaution« (S. 43), also mit einer ausreichend großen Mitgift, um ein standesgemäßes Leben zu garantieren; fehlte eine solche Kaution, durften Offiziere nicht heiraten.

Schmeichelhaft ist Gustls Frauenbild nicht. Seine Perspektive ist eine ökonomische und militärische: Frauen haben ihren Preis und müssen erobert werden. Liebe erscheint im Zeichen des reinen Eros als Handelsware mit raschem Verfallsdatum. Die Frau wird zur erotisierten Sache, auch im grammatischen Geschlecht: in der Bezeichnung als »dieses Mensch« bzw. »diese Menscher« (S. 29).

Der Autor und Erzähler legt auch hier dem Leser nahe, über die beschränkte Perspektive seiner Figur hinauszusehen und die »Sorgenschatten« zu bedenken, die auf die »süßen Mädels« fallen (JW, S. 147). Es sind junge Frauen aus einfachen, kleinbürgerlichen Verhältnissen, die ihre Hoffnungen auf ein besseres Leben stillen, indem sie sich auf Affären ohne Dau-

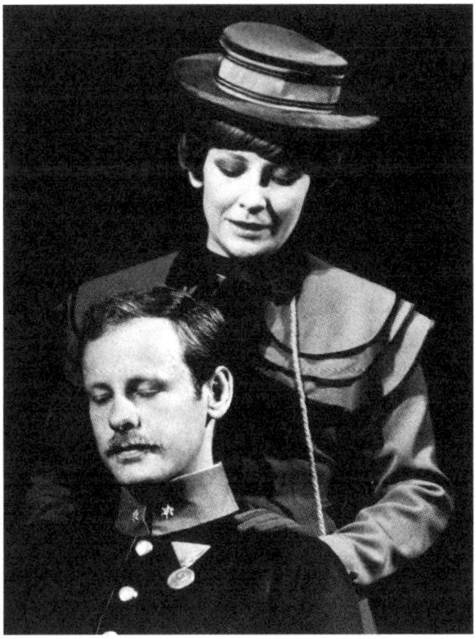

Alexander Wächter als Leutnant Gustl Wilfert und Kitty Speiser als seine Freundin, die Buchhändlergehilfin Anna Riedel, in Ernst Lothars Bühnenfassung von Schnitzlers »Leutnant Gustl« (Theater in der Josefstadt, 1978. Regie: Walter Davy).

er und ohne Heiratsabsicht mit jungen Herren aus der guten Gesellschaft einlassen. Für diese wiederum war es schwierig, vor und außerhalb der Ehe sexuelle Bedürfnisse zu befriedigen, ohne mit den »Forderungen der Sitte, der Gesellschaft oder der Hygiene« (Schnitzler, zitiert nach TM, S. 106) in Konflikt zu kommen. Verführung und Ehebruch waren unerlaubt, das Verhältnis mit einer Schauspielerin galt als bedenklich, der Umgang mit einfachen Mädchen als gefährlich, mit einer Dirne als gesundheitsgefährdend. Gustls Frauengeschichten bewegen sich in einem sozial tabuisierten Raum.

Vor einer auf Zweisamkeit und Vertrauen gründenden Liebe ist Gustl stets davongelaufen. Man kann hier von einer ernsten Bindungsangst sprechen: »Dann hab' ich eine Angst g'habt, dass ich überhaupt nimmer loskomm' – eine solche Raunzen«, so rechtfertigt Gustl in der Erinnerung seine Trennung von der anspruchslosen »Adel'« (S. 35), deren ehrliche

Abschiedstränen er kurzerhand mit der Erklärung beiseiteschiebt, sie sei eben eine weinerliche Person (»Raunzen«) gewesen. Die Erinnerung an eine andere frühere Geliebte, Anna, »ein liebes, gutes Mädel«, die inzwischen einen anderen geheiratet hat, zerfließt in Selbstmitleid: »Und noch immer sagt sie mir ›Gustl‹ wie früher ... Der wird's ordentlich in die Glieder fahren, wenn sie erfährt, was es mit mir für ein End' genommen hat – aber ihr Mann wird sagen: Das hab' ich vorausgesehen – so ein Lump!« (S. 32) Und Steffi wird zwar in einem im Kopf entworfenen Abschiedsbrief als »liebes Kind« angeredet, aber im gleichen Atemzug heißt es: »Was soll ich denn dem Luder schreiben ... « (S. 42) Den Widerspruch bemerkt Gustl nicht. Auch hieran zeigt sich, dass man seinen Äußerungen nicht unbedingt vertrauen kann.

Kameraden und Vorgesetzte; Gustls Antisemitismus

Der größte Teil der Figurenwelt der Novelle stammt aus dem Bereich des Militärs und würde ausreichenden Stoff für einen Roman hergeben. Gustls Kameraden und Vorgesetzte kommen aus unterschiedlichen Ländern der k. u. k.-Monarchie (der kaiserlichen und königlichen Monarchie, wie Österreich genannt wurde); sie haben böhmische, tschechische, galizische, ungarische, österreichische Familiennamen: »Bisanz« und »Blany« (S. 13 und 21), »Friedmaier« und »Doschintzky« (S. 21 und 13), »Libitzky« und »Wermutek« (beide S. 29), »Mirovic« und »Bokorny« (S. 14 und 25). Die Namensvielfalt spiegelt die Realität des multinationalen Völkerheers wider: »Auf 100 Mann des k. u. k. Heeres kamen 29 Deutsche, 18 Magyaren, 15 Tschechen, neun Polen, acht Ruthenen (Ukrainer), sieben Serben und Kroaten, je fünf Rumänen und Slowaken, drei Slowenen und Italiener, die ihren Eid auf den obersten Dienstherren in zehn verschiedenen Sprachen leisteten« (Renner, SBB, S. 120).

Gustls Vorgesetzte werden von dem autoritätshörigen Gustl mehrheitlich nur mit ihrem Rang bezeichnet (»Hauptmann«, »Major«, »Oberst«, »Seine Hoheit«). Gustls engster Vertrauter ist »Kopetzky«, ein »braver Kerl«, der »Einzige, auf den man sich verlassen kann« (S. 9). Er hat ihm die Karte zum Konzert geschenkt, er soll nach reiflicher Abwägung als Einziger ein »kameradschaftliches Lebewohl« (S. 43) erhalten, er wird sein Sekundant bei dem nachmittäglichen Duell sein (vgl. S. 22). Doch auch Kopetzky ist nicht ausgenommen von Gustls unterschwelligen Aggressionen. Durch seine freundschaftliche Geste wird er für Gustl zum Verursacher seines Unglücks; und schon zuvor wird der geschenkte Konzertbesuch gegen die schönere Alternative im Wirtshaus ausgespielt: »Der Kopetzky hat's gut, der sitzt jetzt längst im Wirtshaus und raucht seine Virginia! … « (S. 10)

Gustls Stellung im Militär ist bestimmt durch Abgrenzung nach außen und nach innen. Zivilisten wie der Bäckermeister werden von oben herab behandelt. Der Gegner des anstehenden Duells wird mit pauschalen Vorurteilen ins soziale Abseits gerückt. Gustls Gedanken zeigen, wie schnell aus der grimmigen Vermutung eine verallgemeinernde Unterstellung wird: »Gewiss ein Sozialist! Die Rechtsverdreher sind doch heutzutag' alle Sozialisten!« (S. 13) Doch in der wiederholten Bezeichnung des Juristen als »Doktor« bleibt der – als Verachtung für den Zivilisten getarnte – Minderwertigkeitskomplex gegenüber Akademikern erhalten.

Das stärkste Vorurteil hegt Gustl gegenüber Juden. Er fühlt sich von ihnen umstellt, im Konzert und im Heer. Steffis Freund, meint er, »[m]uss übrigens ein Jud' sein«, weil er in einer »Bank« arbeitet und einen »schwarze[n] Schnurrbart« trägt (S. 11). Eine Frau wird an ihrer »Nase« als »Jüdin« identifiziert (S. 16). Die Mannheimers, in deren assimiliertem jüdischen Großbürgerhaus er ein und aus geht, »sollen ja auch

Juden sein, getauft natürlich ... denen merkt man's aber gar nicht an – besonders die Frau so blond, bildhübsch die Figur ... War sehr amüsant im ganzen. Famoses Essen, großartige Zigarren ... Naja, wer hat's Geld?« (S. 11)

Gustls Kopf ist voll von antisemitischen Stereotypen (vom reichen Juden, von den dunklen jüdischen Frauen, von den angeblich gebogenen jüdischen Nasen), die er nicht durchschaut. Im Antisemitismus laufen seine Aggressionen zusammen. Das zeigt auch sein Sozialneid gegenüber denen, die anders als er nach einem einjährigen Freiwilligendienst zum Offizier befördert werden (vgl. S. 24). Aus der vermeintlichen Ungleichheit bei der militärischen Ausbildung wird ein handfester antisemitischer Vorwurf: »Überhaupt, dass sie noch immer so viel Juden zu Offizieren machen – da pfeif ich auf'n ganzen Antisemitismus!« (S. 11) Gustl meint »Juden« und sagt »Antisemitismus«, was unfreiwillig komisch wirkt, da er ja kein Gegner des Antisemitismus ist, sondern selbst antisemitische Ressentiments hegt. Seine leichtfertige Ausdrucksweise (»da pfeif ich«) zeugt von Gleichgültigkeit gegenüber den Anfeindungen, denen die jüdische Bevölkerungsminderheit des Habsburgerreichs im ausgehenden 19. Jahrhundert ausgesetzt war und die wenige Jahrzehnte später in den nationalsozialistischen Vernichtungsterror mündeten.

Gustls Gegner

Gustls Gegner sind der »Doktor« und der »Bäckermeister«. Gegner sind sie, weil sie seine Standesehre durch Sarkasmus gegenüber dem Militär (der »Doktor«) bzw. durch einen – allerdings von Gustl provozierten – Angriff auf seine soldatische Überlegenheit gegenüber unbewaffneten Zivilisten verletzt haben. Über den »Doktor« erfährt man aus Gustls Gedanken nicht sonderlich viel. Er ist Jurist, besucht Abendgesellschaften und zweifelt an dem Patriotismus österrei-

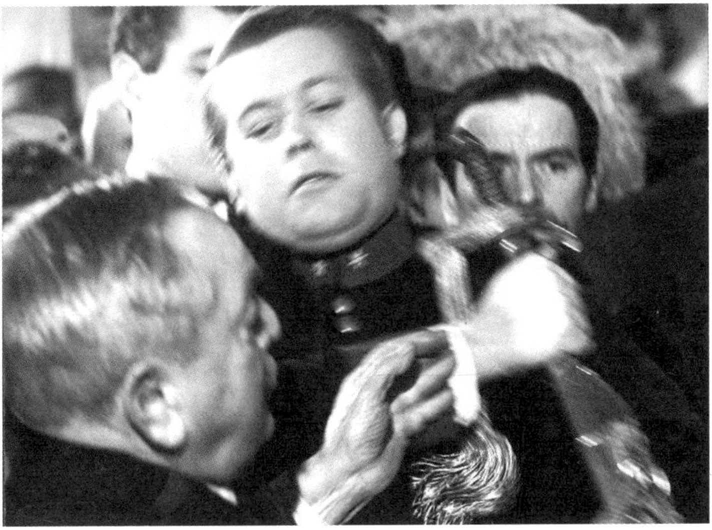

Hans Moser als Bäckermeister Habetswallner und Peter Weck als Gustl in John Oldens Spielfilm »Leutnant Gustl« (A/BRD 1963).

chischer Soldaten. Der Bäckermeister ist ein stämmiger, zum Cholerischen neigender Mann, der in dem auch von Gustl besuchten Kaffeehaus oft Karten spielt. Beide Gegner stammen also aus verschiedenen sozialen Schichten. Das ist Gustl bewusst. Er kann den Juristen zum Duell fordern, den Handwerker hingegen nicht.

Gustls Perspektive auf seine Gegner verrät sich wie so oft in den Namen, die er ihnen gibt. Vom »Doktor«, der zum »Rechtsverdreher« und »Blödisten« wird (S. 13), war schon die Rede. An ihm kann Gustl seine angestaute Gewaltbereitschaft abreagieren; deshalb wird er am Ende in einer Art feindschaftlicher Umarmung »mein Lieber« genannt (S. 47). Auch der Bäckermeister, den Gustl im anfänglichen Streitgespräch und bei den anschließenden Selbstgesprächen nicht für würdig hält, beim Namen genannt zu werden, ist am Ende ein ungefährlicher, weil stummer und toter Gegner. Deswegen kann er nun sogar seinen Eigennamen zurückbekommen. Er wird zum Objekt von Gustls Spott: »Komisch, wie ich mir da immerfort die Semmel einbrock', die mir der Herr Habetswallner gebacken hat! Schmeckt mir ganz gut, Herr von Habetswallner! Famos!« (S. 46) Durch die ironische Erhöhung in den Adelsstand wird der tote Widersacher zum satisfaktionsfähigen Duellgegner ohne Duell stilisiert. »Die Hauptsach' ist: er ist tot, und ich darf leben, und alles g'hört wieder mein!« (S. 46) Habetswallners Tod wird zur triumphalen Erfüllung eines sehnlichen Wunsches, den der verzweifelte Gustl früher in der Nacht, wenn auch noch ohne alle Hoffnung, geäußert hat: »Und wenn ihn heut' Nacht der Schlag trifft« (S. 23) – dieser Gedanke war ihm auf dem Weg zum Prater fast zur gleichen Stunde gekommen, als den Bäckermeister tatsächlich »heut' Nacht um zwölf der Schlag getroffen« hatte (S. 45).

Figurenkonstellation

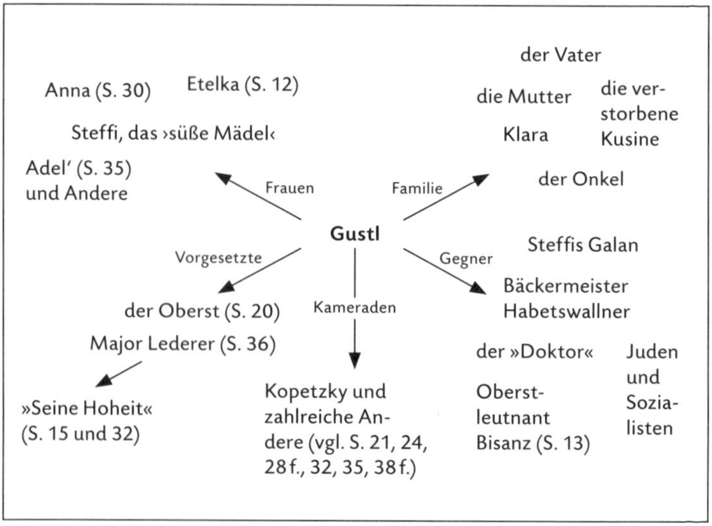

3 Gehalt

Das Problem der Ehre

Gustls Ehre hat eine lange Vorgeschichte. Ursprünglich hat der Begriff der Ehre vor allem eine religiöse Bedeutung. Ehre ist eine Eigenschaft Gottes und zugleich – als Ehrfurcht – eine Haltung der Demut und des Gehorsams, die vom Menschen gegenüber Gott eingefordert wird. »Ehre sei Gott in der Höhe« (»Gloria in excelsis Deo«), heißt es in der christlichen Liturgie. Die Ehre ist eine den Geehrten (Gott) auszeichnende Eigenschaft. Sie hat ein würdevolles, ritualisiertes Verhalten des Ehrenden (des Gläubigen) zur Voraussetzung, das vor allem an Ehrentagen (etwa dem Sonntag) praktiziert wird.

In der mittelalterlichen Dichtung hat die Ehre (althochdeutsch: »êra«, mittelhochdeutsch: »êre«) einen zentralen Platz im Wertekatalog. Für Walther von der Vogelweide rangieren die »êre« und das fahrende »guot« (der weltliche Besitz) gleich hinter »gottes hulde« (der göttlichen Gnade). Diese drei Werte kommen aber nicht leicht bei einem Menschen zusammen. Denn die Ehre steht genau zwischen der materiellen und der geistig-religiösen Wertsphäre, häufiger trennend als verbindend. Ehre hat im mittelalterlichen Verständnis mit Ruhm und Ansehen zu tun; man kann sie durch ehrenhafte Taten gewinnen und sich verdienen, aber ebenso (wie Parzival) durch unkluge und ehrlose Taten wieder verlieren.

Auf ihrem Weg in die moderne Literatur musste die Ehre die Epoche der Aufklärung passieren. Vor dem Tribunal der Vernunft verliert der Begriff einiges von der religiösen Weihe, die ihn zuvor umgab. Als absoluter Wert wird die Ehre in Lessings Lustspiel *Minna von Barnhelm* (1767) auf den Prüfstand gestellt: Der preußische Offizier Tellheim, zu Unrecht unehrenhaft aus der Armee entlassen und dadurch in seiner Soldatenehre zutiefst gekränkt, wagt es nicht, die ihn liebende

Frau zu heiraten. Der Konflikt zwischen Liebe und Ehre geht hier am Ende noch glücklich aus. Anders in Clemens Brentanos Novelle *Die Geschichte vom braven Kasperl und dem schönen Annerl* (1817). Diese Geschichte von falscher und wahrer Ehre endet tragisch mit dem Tod des Titelpaars; der Unteroffizier Kasperl nimmt sich das Leben, als er erfährt, dass sein Vater und sein Bruder Diebe sind.

Bei Schnitzler hat die Ehre ihre religiöse Bedeutung gänzlich verloren; Gustl geht zwar kurz in eine Kirche, gesteht dort aber, »nicht ordentlich gelernt« zu haben (S. 40), wie man betet. Die Ehre ist nicht mehr der selbstverständliche Besitz des Gläubigen, sondern ein prekäres, immer gefährdetes Gut. Das zeigt die Fülle negativer Redewendungen, die im dritten Band des *Deutschen Wörterbuchs* von Jacob und Wilhelm Grimm (1862) in der von Jacob Grimm propagierten konsequenten Kleinschreibung aufgeführt werden: »einem seine ehre nehmen, rauben, abschneiden, verletzen, angreifen, antasten [...], vorenthalten, verringern. seine ehre verlieren, einbüszen, verscherzen; ehre verloren, alles verloren«. Die letzte Redewendung findet sich wörtlich in *Leutnant Gustl* (S. 24).

Schnitzlers Novelle steht an einer Wegscheide der Geschichte des Ehrbegriffs. Die Bedeutung ehrlos gewordener und um ihre Ehre kämpfender Helden nimmt in der Literatur des 20. Jahrhunderts deutlich ab. Um 1900 war die Ehre ein umstrittener Wert. Die Mehrheit des Bürgertums (Ausnahmen bildeten bürgerliche Zivilbeamte und Rechtsanwälte) hatte ein anderes, nicht-ständisches, eher staatsbürgerliches Verständnis von Ehre als das Militär, für das die Ehre das Hauptmittel war, um die ständische Zugehörigkeit zu definieren. In der Frage des Duells mussten diese beiden Ehrbegriffe kollidieren. Was für Offiziere Ehrensache war, das Duell als Ehrenhandel unter »Ehrenmännern«, das war im staatsbürgerlichen Verständnis ein Kriminaldelikt, das Strafe nach sich zog. Nur im geschlossenen System des Offizierkorps (und in einigen Berufsgruppen, die dessen Wertebegriffen nacheiferten) konnte so der Ehrenkodex noch wirksam sein.

Der Ehrenkodex des Offizierskorps ließ dem beleidigten Offizier keine andere Wahl, als die Beleidigung mit einem Duell zu ahnden. Eine gerichtliche Klage, wie sie das zivile Strafrecht in solchen Fällen anheim stellte, kam für ihn offensichtlich nicht in Frage. Den Ursachen dieser Abstinenz spürte die preußische Kommission nach, die sich in den 1830er Jahren mit einer Revision der Militärgesetzgebung befaßte und in diesem Zusammenhang auch den Komplex »Ehre und Duell« behandelte. Sie sah den »viel tieferen und edleren Grund« des Zweikampfs in dem »Gefühl, daß das gewöhnliche Gesetz, welches sich darauf beschränkt, den Beleidiger zu bestrafen, hiermit der verletzten Ehre nicht diejenige rechte Genugtuung gibt noch geben kann, die für sie ein unbedingtes Bedürfnis der ferneren Existenz ist. Es kommt dem an seiner Ehre Gekränkten gar nicht darauf an, daß sein Beleidiger bürgerlich bestraft werde, aber mehr als an seinem Leben liegt ihm daran, daß dieser Beleidiger selbst und mit ihm die Welt eine andere, bessere Überzeugung von seinem Wert gewinnen, als die ausgesprochene war. Dazu gibt es für den Gekränkten nur ein Mittel: nämlich eine Tugend zu bewähren, vor deren reinem Licht die Verleumdung zu Schanden werden muß, und welche anzuerkennen der Gegner selbst gezwungen wird. Eine solche Tugend ist die Lebens-Verachtung, da, wo es Ehre, Recht und Wahrheit gilt, und der kriegerische Geist des Rittertums, dem eben diese Tugend am besten entsprach, hat sie darum von jeher als Beweisführung für den ganzen Wert des Mannes gern erwählt und gern gelten lassen [...].«

Ute Frevert, Ehrenmänner. Das Duell in der bürgerlichen Gesellschaft. München: Verlag C. H. Beck 1991, S. 102

Leutnant Gustl zeigt, wie militärische Standesehre, auch wenn Gustl in seinem Inneren Monolog das Gegenteil für sich in Anspruch nimmt, zu einem bloß äußerlichen Wert heruntergekommen ist. In Fontanes Roman *Effi Briest*, der fünf Jahre vor *Leutnant Gustl* erschien, wird dieser »Ehrenkultus«, der seinen religiösen Grundwert verloren hat, von Innstettens Freund Wüllersdorf, einem hohen preußischen Zivilbeamten, infrage gestellt – aber noch nicht aufgegeben:

> Die Welt ist einmal, wie sie ist, und die Dinge verlaufen nicht, wie w i r wollen, sondern wie die a n d e r n wollen. Das mit dem ›Gottesgericht‹, wie manche hochtrabend versichern, ist freilich ein Unsinn, nichts davon, umgekehrt, unser Ehrenkultus ist ein Götzendienst, aber wir müssen uns ihm unterwerfen, solange der Götze gilt. (Ende des 27. Kapitels, zitiert nach Reclams UB)

Ein Wert, der nur mehr äußerlich aufrechterhalten wird, weist die Tendenz auf, zur bloßen Floskel zu verkommen. Eine dieser Floskeln wurde schon zitiert: »Ehre verloren, alles verloren!« (S. 24) Alles verloren: das heißt auch, den Platz in der Gesellschaft verloren. Gustl kann seinem Schicksal nicht entfliehen. Er fühlt sich »überhaupt nicht mehr auf der Welt« (S. 24). An anderer Stelle taucht die auf Horaz zurückgehende Wendung vom »Feld der Ehre« auf; gemeint ist das Schlachtfeld, auf dem es für Soldaten süß und ehrenvoll sei, »fürs Vaterland« zu sterben (S. 41). Auch das »Ehrenwort« gehört in den Bereich des Floskelhaften. Gustl gibt sich selbst das »Ehrenwort«, »einen Monat lang keine Karte anzurühren« (S. 12), weiß aber nicht, wie er die alten Spielschulden zurückzahlen soll, und ist deshalb, wie die Hauptfigur in Schnitzlers Novelle *Spiel im Morgengrauen* (vgl. S. 18 dieses Bands), vor dem baldigen Rückfall in die Spielsucht nicht gefeit.

Ehrengericht. Szene aus John Oldens Spielfilm »Leutnant Gustl« von 1963 (Drehbuch: Ernst Lothar und Norbert Kunze).

Von großer Bedeutung ist die Höflichkeitsformel »Habe die Ehre«. Sie kommt in *Leutnant Gustl* sechsmal vor, zweimal in Dopplung, zweimal vereinzelt (vgl. S. 16, 18, 40 und 42). Beim ersten Mal grüßt Gustl in Gedanken einen Unbekannten im Foyer des Konzerthauses: »Habe die Ehre, habe die Ehre! Keine Ahnung hab' ich, wer das ist … « Gustl greift das Hilfsverb »haben« im Nachsatz wieder auf und belegt damit – für ihn unmerklich, für den Leser ersichtlich – die Sinnlosigkeit seines lautlosen Grußes an den ihm unbekannten älteren Herrn.

Entscheidend wird der Begriff der Ehre im Streitgespräch mit dem Bäckermeister (vgl. S. 17 f.). Zuerst werden im Gedränge an der Garderobe die Tugenden der »Geduld« und »Ruhe« beschworen. Als es zu der fatalen Beleidigung durch Gustl kommt (» ›Sie, halten Sie das Maul!‹ «), übernimmt der Bäcker das Redekommando und die Handlungsmacht. Er befiehlt Gustl, »ganz stad« (österreichische Mundart für »ganz still«) zu sein, und packt den Knauf von Gustls Säbel, womit er diesen praktisch entwaffnet. Dann gibt er die Beleidigung mit der Bezeichnung »Sie dummer Bub« zurück. Da er leise gesprochen hat, um Aufsehen zu vermeiden, kann er sich auch leicht aus der Affäre ziehen:

> »Aber ich will Ihnen die Karriere nicht verderben ... Also, schön brav sein! ... So, hab'n S' keine Angst, 's hat niemand was gehört ... es ist schon alles gut ... so! Und damit keiner glaubt, dass wir uns gestritten haben, werd' ich jetzt sehr freundlich mit Ihnen sein! – Habe die Ehre, Herr Leutnant, hat mich sehr gefreut – habe die Ehre!« (S. 18)

Der Bäcker gibt demnach im Voraus zu verstehen, dass sein Abschiedsgruß eine ironische Freundlichkeit ist, eine künstliche Schutzgeste. Seine Rede widerspricht der Tat und dem vorher Gesagten. »Habe die Ehre« – das ist auch wörtlich zu nehmen; denn nun hat der Bäckermeister die Ehre: Er hat sie dem Leutnant ja weggenommen. Noch interessanter wird der Alltagsgruß, wenn man ihn als das letzte Wort des Bäckers betrachtet. Nach dem Vorfall hören Gustl und der Leser nichts mehr von ihm; er geht nach Hause, wo ihn der Schlag trifft. Sein letztes Wort (vielleicht nicht überhaupt, aber doch in der Novelle) ist zugleich das erste Wort, das Gustl nach seinem weiten Weg durch die nächtliche Stadt am Morgen hört. Zuvor hat er sich mit derselben Grußformel – im stillen Selbstgespräch – dem Priester, der die Frühmesse abhält, empfohlen, als er für einen kurzen Moment darüber nachdachte, ob es nicht eine Erleichterung wäre, zu diesem in die Beichte zu gehen: »Der möcht' Augen machen, der Pfaff', wenn ich zum Schluss sagen möcht': Habe die Ehre, Hochwürden; jetzt geh' ich mich umbringen! ...« (S. 40)

Der Kellner des Kaffeehauses begrüßt ihn in der Schlussszene mit einem einfachen »›Habe die Ehre, Herr Leutnant!‹« (S. 44) Auch dies lässt sich wörtlich verstehen. Nach dem Tod des Bäckers kann der über den Unglücksfall bereits informierte Kellner dem Leutnant seine Standesehre zurückgeben. Mit der scheinbar harmlosen Grußformel »Habe die Ehre« schließt sich ein Kreis. Die Dialoge am Anfang und am Ende der Novelle können letztlich auf diese Floskel reduziert werden, die den Kern der Sache bezeichnet. Was bleibt, ist der lange Monolog dazwischen. Ihm kann man entnehmen, dass die Ehre in Schnitzlers Novelle ein fragwürdiger und stets prekärer, gefährdeter Wert ist. Sie steht im Spannungsfeld zwischen Einzelnem und Gesellschaft, weil in ihr persönliche Ehre und Standesehre auf untrennbare Weise ineinanderfließen. So ist die Offiziersehre zugleich eine Sache der Öffentlichkeit (etwa im »Ehrenrat«, S. 21) und des privaten Gewissens.

Vom Schlüsselbegriff der Ehre aus kann man den Grundkonflikt in *Leutnant Gustl* deuten. Die Ehre ist der Wert, an dem sich alle Figuren orientieren. Sie ist der verletzlichste Punkt des österreichischen Offiziers um 1900. Um jeden Preis muss dafür gesorgt werden, dass sie gewahrt bleibt. Wird sie angegriffen und gibt es keine Möglichkeit, sie in einem Duell wiederherzustellen, ist sie nur durch *einen* Ausweg zu retten: »gleich eine Kugel vor den Kopf« (S. 20).

Zusammenfassend kann man sagen: Gustls Ehrbegriff ist ohne Substanz, ein entleerter Begriff. Das zeigt deutlicher als alles Vorhergehende das Ende der Novelle, in der mit der Sorge, dass der Bäckermeister den Vorfall herumerzählen könnte, auch das Gefühl der persönlichen Schmach wie weggewischt erscheint. Kurz nach dem Vorfall hatte sich Gustl noch vorgehalten: »Heiliger Himmel, es ist doch ganz egal, ob ein anderer was weiß! … *ich* weiß es doch, und das ist die Hauptsache!« (S. 21) Davon ist nun nicht mehr die Rede.

Dingsymbole

Ein Merkmal der Novelle ist das Dingsymbol: ein Zeichen, das eine besondere Bedeutung für den Gang und den Ausgang der Handlung hat. Das bekannteste Dingsymbol in der Geschichte der Novelle ist der Falke aus Boccaccios Novellenzyklus *Decamerone* (entstanden zwischen 1349 und 1353), mit dem die Gattung begründet wurde. Das Dingsymbol ist häufig ein Gegenstand (etwa das Richtschwert in Brentanos oben erwähnter *Kasperl*-Novelle oder die Veronal-Tabletten in Schnitzlers *Fräulein Else*). Es steuert das Verständnis der Novelle und lenkt die Aufmerksamkeit des Lesers darauf, dass nicht nur die Figuren, sondern auch, unbemerkt von ihnen, die Dinge in einer Erzählung Regie führen können. Das ist bereits an der inneren Zeit in *Leutnant Gustl* veranschaulicht worden, die sich vom äußeren Ablauf der Uhr mehr und mehr entfernt (vgl. S. 49 f. dieses Bands). Die Uhren in *Leutnant Gustl* können entsprechend als Dingsymbole betrachtet werden.

Es verwundert nicht, dass in der Erzählung über einen Leutnant das ›Requisit‹ dingsymbolisch hervorgehoben wird, durch das er überhaupt als Offizier erkennbar ist: seine Uniform. Das Umschlagmotiv der Erstausgabe zeigte einen voll uniformierten Gustl. Seine Dienstkleidung bedarf im Inneren Monolog nicht eigens der Erwähnung und muss auch Gustl selbst nicht der Rede wert sein, weil die Uniform ganz und gar seine Identität bestimmt. Aber es fällt natürlich auf, dass ein Teil der Uniform, der Offiziersmantel, in gewissem Sinne den Streit an der Garderobe auslöst, der Gustl an den Rand des Selbstmords führt. Gustl vermeint ein Recht darauf zu haben, schneller wieder in den Besitz seines Mantels zu kommen als der Bäckermeister, ein Zivilist und einfacher Bürger. Er kann sich nicht die Uniform »auszieh[en] und durchgeh[en]« (S. 41); den Mantel wird er bis zum Ende der Erzählung anbehalten, selbst im Kaffeehaus (vgl. S. 44).

Auch Gustls Leutnantskappe erfüllt die Funktion eines Dingsymbols. Im Prozess der Überarbeitung hat Schnitzler zwar die Bedeutung dieses Gegenstands abgeschwächt; dennoch bleibt sein symbolischer Gehalt klar erkennbar. Als Teil der Uniform versichert die Kappe Gustl seiner Identität. Was aber geschieht, wenn er sich der Kappe im Prater entledigt? »Ah, fort mit dem Kappl; mir scheint, das drückt mir aufs Gehirn ... ich kann ja gar nicht ordentlich denken ... Ah ... so! ... Also jetzt Verstand zusammennehmen, Gustl ... letzte Verfügungen treffen!« (S. 28) Gustl will, wie man redensartlich sagt, ›einen freien Kopf haben‹. Doch das Selbstdenken ohne Leutnantskappe führt nicht weit. Schnell schweifen die Gedanken ab: Wann würde die Nachwelt von seinem Selbstmord erfahren, wer würde sich freuen, was würde die Familie denken? Das sind die Fragen, die Gustl von den letzten »Verfügungen« ablenken.

Später weist ihn ein Infanterist auf seine unvorschriftsmäßige Kopfbekleidung hin: »Warum deut' er denn auf seinen Kopf? – Mein Lieber, dein Schädel interessiert mich sehr wenig ... Ah, so! Nein, mein Lieber, du irrst dich: im Prater hab' ich übernachtet ... wirst schon heut' im Abendblatt lesen.« (S. 38) Der pantomimische Hinweis des Soldaten macht deutlich, wie alarmierend offenbar für einen Armeeangehörigen der Anblick eines nicht vorschriftsmäßig gekleideten Offiziers war. So zeigt sich Gustls Dilemma: Wenn er die drückende Kappe ablegt, um einen selbstständigen Gedanken fassen zu können, beeinträchtigt er die Vollständigkeit seiner militärischen Existenz, in der eigenständiges Denken nicht verlangt und sogar unerwünscht ist. Die Nachlässigkeit, mit der Gustl auf das pantomimische Zeichen reagiert (das er zunächst gar nicht versteht), markiert indes den Grad des inneren Abstands, den er in diesem Moment zu seiner gewohnten Existenz empfindet. Im Augenblick denkt er nur noch an seinen Tod.

Sein Gefühl des Ausgestoßenseins aus der Welt des Militärs, aus der er sonst sein Selbstgefühl bezieht, hat sich schon vorher in der sarkastischen Selbstcharakterisierung als »obdachloser Leutnant« (S. 28) gezeigt. Man könnte sagen: Gustl entledigt sich (wenige Momente bzw. Zeilen später) seiner Kappe, weil sie für ihn, in seinem Zustand der Ehrlosigkeit, kein schützendes Dach über dem Kopf mehr darstellt. Im Angesicht des Todes ist er auf sich selbst zurückgeworfen, so bitter diese Erkenntnis für ihn auch ist.

Das markanteste Element im dingsymbolischen Bereich der Uniform ist zweifellos der Säbel. Als Statussymbol, als Phallussymbol, als Schlag- und Duellwaffe ist er ein überdeterminiertes Zeichen. Wenn der Bäckermeister den Griff des Säbels umklammert, packt er Gustl an seiner Ehre und an seiner militärischen wie auch männlichen Identität. Die sexuelle Bedeutungsebene des Säbels wird dem Leser in einer Erinnerungsepisode offenbart: »Nachmittag haben wir uns nackt aufs Bett hingelegt. – Einmal ist plötzlich der Wiesner zu mir hereingekommen; ich muss grad geträumt haben und steh' auf und zieh' den Säbel, der neben mir liegt ... muss gut ausgeschaut haben ... der Wiesner hat sich halbtot gelacht« (S. 32). Hier liegt die Logik des Witzes im Sinne Freuds in seiner Beziehung zum Unbewussten (vgl. Freuds 1905 erschienenes Buch *Der Witz und seine Beziehung zum Unbewußten*). Über den Säbel, den Gustl während der ganzen Handlung der Novelle nie ablegt, definiert er seine Männlichkeit. Der Zwischenfall an der Garderobe im Musikvereinsgebäude beweist, wie beschämend leicht entsprechend auch Gustls Männlichkeit infrage gestellt werden kann.

IV Exemplarische Interpretationen

1 Wie führt Schnitzler seine Hauptfigur Gustl ein?

Die Exposition ist ein Lieblingskind der Interpretation. Hier werden die Weichen für das Verständnis des Texts gestellt. Am Anfang entscheidet sich, wie der Text Sympathie und Antipathie des Lesers steuert. Für den Autor geht es darum, eine Atmosphäre zu schaffen, in der die Hauptfigur und möglichst auch bereits der Grundkonflikt eingeführt werden können. Dafür gibt es prinzipiell zwei Möglichkeiten: die induktive und die deduktive Exposition. Die induktive Exposition verweigert zunächst einen Überblick, indem sie nur Details von Handlung, Raum und Zeit vorstellt, und führt vom Besonderen zum Allgemeinen; die deduktive Exposition gibt von vornherein eine Grundorientierung über Raum und Zeit und lenkt so vom Allgemeinen zu den Einzelheiten hin. Auch wenn man natürlich diese Expositionsformen im konkreten Fall nicht säuberlich voneinander scheiden kann, leistet eine solche Klassifizierung gute Dienste bei der funktionalen Deutung von Erzähleingängen.

Schnitzlers Roman *Der Weg ins Freie* von 1908 beginnt beispielsweise mit einer Vorstellung der Hauptfigur:

> Georg von Wergenthin saß heute ganz allein bei Tische. Felician, sein älterer Bruder, hatte es vorgezogen, nach längerer Zeit wieder einmal mit Freunden zu speisen. Aber Georg verspürte noch keine besondere Neigung, Ralph Skelton, den Grafen Schönstein, oder andere von den jungen Leuten wiederzusehen, mit denen er sonst gern plauderte; er fühlte sich vorläufig zu keiner Art von Geselligkeit aufgelegt.

Das ist ein typisch deduktiver Erzähleingang mit der Funktion, dem Leser geordnete Informationen zu geben. Er erfährt, um wen es geht (eine aristokratische Figur) und wie sich die Hauptfigur fühlt (einsam). Der Handlungsort (Wien) bleibt zunächst offen, die Handlungszeit (mittags) ergibt sich aus dem unmittelbaren Zusammenhang. Die Zeitform ist das epische Präteritum, das eine Distanz zwischen der erzählten Handlung und dem Vorgang des Erzählens anzeigt und somit eine primär narrative, keine grammatische Funktion hat, was man mit einem klassischen Beispiel aus der Erzähltheorie belegen kann: »Morgen war Hochzeit« ist als Satz in einer realen Kommunikation unlogisch, in einem Roman jedoch unanstößig und verständlich.

Anders ist der Erzähleingang in *Leutnant Gustl* gestaltet. Hier wird der Leser mitten in ein Geschehen gestellt, genauer gesagt: sofort in ein Bewusstsein gezogen, dessen assoziativer Gedankenstrom nicht gleich in einen Handlungszusammenhang einzuordnen ist, auch wenn der personale Träger dieses Bewusstseins aufgrund des Titels der Erzählung ohne weitere Vorabinformationen mit einiger Wahrscheinlichkeit als junger (darauf weist der Rang) Offizier identifiziert werden kann. Die Zeitform ist das Präsens, das Unmittelbarkeit anzeigt und die erzählte Handlung überspielt zugunsten des Vorgangs des Denkens, auf das alle Aufmerksamkeit gelenkt wird. Die mundartliche Sprache, die auffällige Interpunktion, die ausschließliche Fokussierung auf die Perspektive des Protagonisten zeigen, dass sich der Erzähler vollständig in den Kopf seiner Figur versenkt. Dieser Kopf ist wie der Kopf jedes Menschen, der seine Gedanken schweifen lässt, ein unübersichtliches Terrain. Die Summe der Einzelheiten ergibt zunächst kein Ganzes. Aber Gustls Beobachtungen erlauben dem Leser dennoch tiefe Einblicke: in ein menschliches Bewusstsein, das nach besonderen Gesetzen funktioniert.

»Wie lang' wird denn das noch dauern? Ich muss auf die Uhr schauen … schickt sich wahrscheinlich nicht in einem so ernsten Konzert. Aber wer sieht's denn?« (S. 9) Schon die erste Frage verrät etwas über Gustls gegenwärtigen Zustand, seine Langeweile. Gustl hat ein Problem mit der Zeit. Er versucht sie zu kontrollieren; doch wird er eher selbst gesteuert, und zwar durch eine innere Zeit, die ihn wortwörtlich »nicht viel Zeit« haben lässt (S. 44) und die mehrere Male den äußeren Ablauf der Stunden außer Kraft setzt (vgl. S. 28 und 31). Symptomatisch ist, dass Gustls erste Handlung, von der der Leser der Novelle erfährt, der Blick auf die Uhr ist, der Versuch, sich der äußeren Zeit zu vergewissern, weil sie nicht mehr mit dem inneren Zeitgefühl übereinstimmt. Der Grund für Gustls Langeweile ist ganz offenkundig das »ernste Konzert«, in dem er sich nicht wie gewohnt »zerstreuen« (S. 9) kann. Er ist zur richtigen Zeit (für Nachtmenschen) am falschen Ort; der richtige wäre das »Wirtshaus« (S. 10). Die Langeweile ist aber auch durch den alleinstehenden Artikel »das« des ersten Satzes anonymisiert und auf Gustls gesamte Existenz übertragbar. Er ist ein Opfer der Lebenslangeweile, die in der christlichen Tradition als Todsünde (*acedia*, Melancholie) verurteilt und in den Werken der französischen Symbolisten als Daseinsüberdruss *(ennui)* beschrieben wurde. Gustls Leben ist, wie sich im Laufe seines nächtlichen Monologs zeigt, unausgefüllt und ziellos. Daran ändert auch die fatale Situation nichts, in die er unerwartet gerät. Man könnte sogar im Gegenteil sagen: In der verzweifelten Ausnahmesituation, in die Gustl gerät, kommt die Leere seiner Existenz erst eigentlich deutlich zum Vorschein. Anstatt die Stunden zu nutzen, die er für die letzten seines Lebens halten muss (ohne vielleicht selbst ganz daran glauben zu können, dass sein Leben am nächsten Morgen enden wird), schweift er unstet und einsam durch die Stadt.

Auch das »Konzert« als erster Handlungsraum der Novelle ist aufschlussreich, sobald man nur fünf Zeilen weiter im Fortgang der Exposition mit Gustl im Programm gelesen hat, dass es sich um ein »Oratorium« (S. 9) handelt. Oratorien sind Tonstücke für Gesangssolisten und Chor mit Orgel- oder Orchesterbegleitung, meistens ohne sichtbare Szene, Hörstücke also und etwas ganz anderes als Verdis Oper *La Traviata*, die sich Gustl »übermorgen« zur Unterhaltung vornimmt (S. 10). Und während *La Traviata* melodramatisch vom Schicksal der Kurtisane Violetta in der Pariser Halbwelt erzählt – dem Libretto lag der 1848 erschienene Erfolgsroman *La dame aux camélias (Die Kameliendame)* von Alexandre Dumas dem Jüngeren zugrunde –, stammen Oratorien aus der geistlichen Kunst der 1564 gegründeten Weltpriesterorganisation der Oratorianer und waren anfangs hymnische Gesänge zur Begleitung biblischer Andachten oder Vorträge. Weiterentwickelt wurden diese Musikdichtungen vor allem im 18. Jahrhundert (Händels *Messias*, 1741; Haydns *Schöpfung*, 1798); zu den bedeutendsten Oratorienkünstlern des 19. Jahrhunderts gehört Felix Mendelssohn-Bartholdy, dessen *Paulus* am 4. April 1900 im Wiener Musikvereinshaus aufgeführt wurde. Der Name »Oratorium« ist von dem Ort abgeleitet, an dem Oratorien anfangs erklangen: im Betsaal *(Oratorium)* eines Klosters. Da Mendelssohns *Paulus* ein biblischer Stoff zugrunde liegt, hält Gustl das Werk zunächst für ein Stück liturgischer Kirchenmusik: »Ich hab' gemeint: Messe. Solche Sachen gehören doch nur in die Kirche!« (S. 9) Beim Stichwort Kirche fällt ihm gleich das Stichwort Flucht ein: »Die Kirche hat auch das Gute, dass man jeden Augenblick fortgehen kann.« (S. 9) Und tatsächlich verlässt Gustl in der vierten Szene fluchtartig die Kirche in der Innenstadt, in die er durch »Orgel – Gesang« (S. 40) gelockt worden ist. Auch hier führt der Erzähler hinter dem Rücken der Figur seine Regie.

Peter Weck als Leutnant Gustl in John Oldens österreichisch-deutschem Spielfilm von 1963 nach Arthur Schnitzlers Novelle.

Dass Gustl nicht mit sich allein ist, wenn er sich langweilt und auf die Uhr schaut, zeigt die zweite Frage der Novelle: »Aber wer sieht's denn?« (S. 9) Die Öffentlichkeit als visualisiertes »Feld sozialer Kontrolle« (Kimmich/Wilke, S. 104) ist der mächtige Gegenpart Gustls. Ständig ist er damit beschäftigt, sein Tun und Lassen vor den Augen der anderen zu rechtfertigen. Das geschieht nicht ohne Raffinesse: »Wenn's einer sieht, so passt er gerade so wenig auf, wie ich, und vor dem brauch' ich mich nicht zu genieren ...« (S. 9)

Die soziale Kontrolle ist wechselseitig, insofern ist das Kollektiv für Gustl eine sowohl bedrohende als auch schützende Kraft. Es ist das Spiel der Blicke, das diese Ordnung der Gesellschaft regiert. Beobachten heißt Macht ausüben, Beobachtetwerden bedeutet Anerkennung oder Ablehnung dieser Macht.

Das zeigt sich vor allem an den Blicken, die Gustl in der Exposition den Frauen zuwirft – zumeist, nachdem er sich von ihnen angehimmelt gefühlt hat. Nach der Uhr und dem Programm gilt sein dritter Blick den »hundert Jungfrauen« des Chors, »alle schwarz gekleidet« (S. 9), der vierte Blick dem »Mädel drüben in der Loge« (S. 9 f.), dessen Blicke, wie er hofft, ebenso intensiv auf ihn gerichtet sind wie später die Augen der »[e]legante[n] Person« und der »bildschön[en]« Frau auf der Treppe zum Foyer (S. 16). Einbildung ist das, kann man sagen, was auch der dezente Hinweis des Erzählers auf Gustls Gefühlsausdrucksfähigkeit nahelegt. All das, was Gustl nämlich auf den ersten beiden Seiten der Novelle hört und sieht, wird superlativisch gesteigert: Das Oratorium ist vielleicht »sehr schön«, Kopetzkys Kartengeschenk ist »sehr lieb«, der Chor singt »sehr schön« und »sehr erhebend« (S. 9), das »Mädel« in der Loge ist »sehr hübsch« (S. 10). Gustl ist ein Mann mit einfachen Worten für große Gefühle. Die ›Sache‹ ist ihm wichtiger als der Ausdruck. Nur einmal macht Gustl einen Anlauf, um hinter die Bedeutung der Worte zu blicken (vgl. S. 41). Seine Worte bleiben ohne individuelle Anschauung leer, seine Anschauung bleibt ohne spezifizierende Begriffe blind. Sein Horizont bleibt infolgedessen notwendig beschränkt.

2 Wie wird der Konflikt am Ende der Novelle gelöst?

Am Ende der Novelle ist Gustls Kopf, so scheint es, bis in den letzten Winkel ausgeleuchtet. Er hat über seine Familie nachgedacht, über seinen Weg zum Militär und seine derzeitige Stellung dort, über die getilgten und die noch offenen Spielschulden, über seine Liebeleien und seine Liaison mit Steffi, über das bevorstehende Duell und die zurückliegenden Duelle, vor allem aber über seinen Gefühlszustand, der durch die Ausgangssituation im Konzertsaal in Unordnung geraten ist. Der Leser hat Gustl als gelangweilten, genervten, aggressiven Menschen kennengelernt, der seine Vorurteile gegen Zivilisten, Sozialisten und Juden pflegt, der Frauengeschichten liebt und dem seine im Stundentakt geregelte Tätigkeit in der Armee so in Fleisch und Blut übergegangen ist, dass er sogar das erlösende Aufstehen vom Stuhl nach dem Ende des Oratoriums mit dem militärischen Ausdruck »sich rühren« (S. 15) bezeichnet.

Aufgrund seiner intellektuellen Unselbstständigkeit ist der Entschluss zum Selbstmord, der dem militärischen Ordnungsschema entspricht, für Gustl ohne Alternative. Zwei andere Möglichkeiten, dem Dilemma zu entfliehen, werden kurz erwogen, aber gleich wieder verworfen. Die durch die Beleidigung zugefügte Ehrverletzung kann nicht vergessen werden, auch wenn die Öffentlichkeit davon nichts erfährt:

> Heiliger Himmel, es ist doch ganz egal, ob ein anderer was weiß! … *ich* weiß es doch, und das ist die Hauptsache! *Ich* spür', dass ich jetzt wer anderer bin, als vor einer Stunde – *Ich* weiß, dass ich satisfaktionsunfähig bin, und darum muss ich mich totschießen … (S. 21)

Und die Erinnerung an die verletzte Ehre könnte auch die Flucht nach Amerika nicht tilgen:

> Das ist ja lauter Unsinn mit Amerika und [den Dienst] quittieren, und du bist ja viel zu dumm, um was anderes anzufangen – und wenn du hundert Jahr' alt wirst, und du denkst d'ran, dass dir einer hat den Säbel zerbrechen wollen und dich einen dummen Buben g'heißen, und du ist dag'standen und hast nichts tun können – nein, zu überlegen ist da gar nichts – (S. 32 f.).

So läuft Gustl seinem vermeintlich alternativlosen Ende entgegen. Doch es kommt völlig anders, als er es sich vorgenommen hat. Die Nachricht vom Tod des Bäckermeisters enthebt ihn der Angst, dieser könnte künftig etwas von dem Zwischenfall ausplaudern. Dass der Verlust seiner Ehre durch diesen glücklichen Zufall aber im Grunde keineswegs getilgt ist, übersieht er ganz. Sein Überlebenswille erweist sich als »stärker als die Vorschrift der Konvention« (von Wilpert, zitiert nach TM, S. 83). Daran zeigt sich, wie ausgehöhlt und sinnlos diese Konvention der Ehre geworden ist.

Damit aber ist das Ende der Novelle noch nicht hinreichend erklärt. Man kann die Schlussszene im Kaffeehaus als dramatischen Dialog lesen, der sich komödiantisch auflöst: ein »Theaterschluss, ironisch, ein wenig klamaukhaft« (Harpprecht, S. 379). Dieser Dialog, der längste in der Monolognovelle, hat den komödientypischen Zwiespalt von Sein und Schein, von den letzten und den alltäglichen Dingen zum Thema. Gustl sagt etwas anderes, als er denkt, und er weiß das auch. Doch wirkt diese Probe seiner Verstellungskunst keineswegs souverän. Im Gegenteil machen ihn sein Stolz auf dieses Maskenspiel und seine übertriebene Selbstbeherrschung zur komischen Figur:

> »Ist er tot?« / »Na, freilich, Herr Leutnant; auf'm Fleck ist er tot geblieben.« O, herrlich, herrlich! – Am End' ist das alles, weil ich in der Kirchen g'wesen bin ... / »Er ist am Abend im Theater g'wesen; auf der Stiegen ist er umg'fallen – [...] ... na, und dann haben s' ihn in die Wohnung getragen, und wie der Doktor gekommen ist, war's schon lang' aus.« / »Ist aber traurig. Er war doch noch in den besten Jahren.« – Das hab' ich jetzt famos gesagt – kein Mensch könnt' mir was anmerken ... und ich muss mich wirklich zurückhalten, dass ich nicht schrei' oder aufs Billard

> spring' ... / »Ja, Herr Leutnant, sehr traurig; war ein so lieber Herr, und zwanzig Jahr' ist er schon zu uns kommen – war ein guter Freund von unserm Herrn. Und die arme Frau ...« / Ich glaub', so froh bin ich in meinem ganzen Leben nicht gewesen ... Tot ist er – tot ist er! Keiner weiß was, und nichts ist g'scheh'n! – Und das Mordsglück, dass ich in das Kaffeehaus gegangen bin ... sonst hätt' ich mich ja ganz umsonst erschossen – es ist doch wie eine Fügung des Schicksals ... (S. 46)

Mit der unfreiwillig komischen Formulierung »sonst hätt' ich mich ja ganz umsonst erschossen« beweist Gustl, dass die Wahrung der Ehre für ihn keineswegs, wie er behauptet hat, eine innere Verpflichtung darstellt, sondern dass er allein um sein äußeres Ansehen besorgt war. Zu dieser Heuchelei passt, dass er für einen Moment versucht ist, den Tod des Bäckers auf seinen kurzen Besuch der Frühmesse zurückzuführen – was zwar unlogisch ist, denn Habetswallner war ja zu diesem Zeitpunkt schon mehrere Stunden tot; aber immerhin hatte Gustl ja schon kurz nach dem Zwischenfall den Tod seines Gegners herbeigewünscht: »Und wenn ihn heut' Nacht der Schlag trifft [...]« (S. 23). Eben dieses Stoßgebet ist nun wörtlich in Erfüllung gegangen (vgl. S. 45). Gustl kann sich im Gefühl wiegen, der Himmel, die höhere Gerechtigkeit Gottes, sei mit ihm. Dieser lästerliche Gedanke wird aber schnell durch die realistischere Einsicht abgelöst, ein »Mordsglück« gehabt zu haben, als er den spontanen Entschluss fasste, noch ein Frühstück in seinem Stammcafé einzunehmen.

Handelt es sich, fragt man sich angesichts dieser Umstände, nun um ein eher komisches oder ein eher tragisches Ende? Von den drei Kriterien, die in der Theorie dramatischer Texte für ein tragisches Ende gelten, trifft hier nur eines zu: der Glückswechsel *(Peripetie).* Gustls Unglück wird durch den unvorhergesehenen Tod seines Gegners zu seinem Glück. Doch mit diesem Glückswechsel ist weder eine Erkenntnis (*Anagnorisis*, das zweite Kriterium der Tragik) noch ein Leiden (*Pathos*, das dritte Kriterium) verbunden. Regiert hier also der reine Zufall? Dafür spricht Schnitzlers früher Tagebucheintrag: »Glaub ein andrer an eine regierende Vernunft. Es gibt nur drei Dinge: den Zufall über uns, den Reiz außer uns, die Gehirnzelle in uns« (*Tagebuch*, 6. April 1880). Wenn man dieser Ansicht folgt, ist die der Novelle zugrunde liegende Weltsicht ein Determinismus, der die Person auf die Einflüsse von Umwelt und Gesellschaft und das menschliche Handeln auf ein neurologisches Reiz-Reaktions-Schema reduziert. Dennoch fragt man sich, ob das Erlebnis dieser Nacht in Gustl denn gar keine Erkenntnis ausgelöst hat. »Gibt es ein gutes Ende der bösen Geschichte« (Schmidt-Dengler, S. 28 f.)? Diese Frage lässt wenigstens vier unterschiedliche Antworten zu:

1. Gustl bleibt, wie er ist: ein unverbesserlicher, säbelrasselnder und amüsierfreudiger Heißsporn. Er bewegt sich im Kreis, er umgeht Entscheidungen und hat am Ende aus eigener Schuld nichts dazugelernt, weil er zu oberflächlich ist, um sich ernsthafte Gedanken zu machen.

2. Gustl *kann* gar nichts gelernt haben, weil die Menschen letztlich nur Marionetten der sie prägenden Einflüsse sind. »Mich dünkt, es ist noch lange nicht klar genug, wie wenig wir wollen dürfen und wie viel wir müssen« – so endet Schnitzlers 1889 entstandene Novelle *Der Sohn*. Gustl hat kein eigenes »Ich«, dieses ist vielmehr nur ein Effekt von Umweltreizen und gesellschaftlichen Normen. Der Autor hätte damit das literarische Abbild einer Diskussion entworfen, die seine Epoche sehr beschäftigte und die heutzutage etwa unter der Fragestellung fortgesetzt wird, ob die »Willensfreiheit« womöglich lediglich ein subjektives »Ich-Gefühl« ist (Gerhard Roth, zitiert nach TM, S. 125 f.).

Die erlösende Meldung vom Tod des Widersachers. Roman Kohnle 2006 als Leutnant Gustl in einem Gastspiel am Theater Freiburg.

3. Gustl ist zwar am Ende der Alte, gelangt aber in entscheidenden Situationen nach dem Zwischenfall im Foyer des Konzerthauses vorübergehend zu kritischen Einsichten über sich und seine Existenz, die ihm sonst wohl nicht in den Sinn gekommen wären: etwa, wenn er sich als »viel zu dumm« bezeichnet, »um was anderes anzufangen« (S. 33), was indirekt kein sehr schmeichelhaftes Urteil über die intellektuellen Ansprüche ist, die der Militärdienst an einen jungen Offizier stellt. Auch denkt er, wohl erstmals seit langer Zeit, kurz darüber nach, wie sein Leben wohl verlaufen wäre, wenn er nicht zur Armee gegangen wäre, sondern studiert und einen Platz im zivilen Leben gefunden hätte (vgl. S. 30). In einer Situation, in der er fürchten muss, aus der soldatischen Gemeinschaft ausgeschlossen zu werden, wirft er einen prüfenden Blick auf das Leben jenseits der militärischen Welt und stellt fest, dass dieses Leben so minderwertig auch nicht ist.

4. Gustl hat sich geändert, allerdings ist er am Ende kein besserer, sondern ein schlechterer Mensch geworden. Seine Gewaltbereitschaft hat an sprachlicher Drastik zugenommen. Der Bäckermeister wird mit immer wüsteren Beschimpfungen bedacht: als »verfluchte[r] Hund« und »Fallot«, also als Gauner (S. 37). Der Wunsch, den Doktor zu »Krenfleisch« (S. 47) zu hauen (die österreichische Entsprechung der deutschen Wendung, aus jemandem Hackfleisch zu machen), ist eingangs noch mit einem Ausdruck aus dem militärischen Ehrenkodex beschönigt worden: Gustl wollte sich mit seinem Gegner »bis zur Kampfunfähigkeit« duellieren (S. 15). Nun jedoch geht es um den »vorsätzlichen und brutalen Mord eines Ehrenmannes durch einen Ehrlosen« (G. v. Wilpert, zitiert ED, S. 108). Gustls Frustration, seine Aggression und seine Verdrängungslust haben zugenommen.

Nach Lessing sollte der tragische Charakter Gutes und Schlechtes in sich vereinen, also kein Tugendbold und auch kein ausgemachter Bösewicht sein, sondern ein »gemischter Charakter«. Unglücklich wird er durch einen Fehler, den er begeht, aber er ist über sein Unglück so erhaben, dass für den Zuschauer bzw. den Leser der Schrecken über dieses Unglück zunächst in Mitleid und dann in die Bewunderung der inneren Größe umschlägt, die der tragische Held im Erleiden des Unglücks zeigt (vgl. Lessings *Briefwechsel über das Trauerspiel* von 1756/1757). Gustl ist in diesem Sinne ein gemischter Held. Er macht einen Fehler, der zu seinem Unglück führt, und gesteht sich diesen Fehler sogar ein (vgl. S. 31). Aber er verfügt nicht über die geistigen Kräfte, sich über sein selbstverschuldetes Unglück zu erheben. Statt das Mitleid des Lesers auf sich zu ziehen, ergeht er sich in Selbstmitleid. Gustl ist emotional gelähmt und seelisch labil; er hat daher nicht das Zeug, über sich hinauszuwachsen.

V Literaturgeschichtliche Einordnung

Ein einheitliches, alle Tendenzen dieser Jahre in sich begreifendes Etikett für die literaturgeschichtliche Epoche, in der Schnitzlers *Leutnant Gustl* entstand, gibt es nicht. Es ist sogar fraglich, ob sich die zeitlichen Grenzen der politischen Epoche, die das allgemeingeschichtliche Umfeld dieses Texts bildet, genau bestimmen lassen. Viele Historiker lassen das »lange 19. Jahrhundert« erst mit dem Ersten Weltkrieg (1914 bis 1918) auslaufen, in dem das »goldene Zeitalter der Sicherheit« (so Stefan Zweig in seiner Autobiographie *Die Welt von Gestern*) endgültig zu Ende geht. Politisch meint das 19. Jahrhundert also etwas anderes als literaturgeschichtlich, denn das 20. Jahrhundert beginnt in der Literatur mit dem Naturalismus, der lautstark die Moderne einläutete, bereits in den 1880er-Jahren.

Wenn ich versuche, für die Zeit vor dem Ersten Weltkriege, in der ich aufgewachsen bin, eine handliche Formel zu finden, so hoffe ich am prägnantesten zu sein, wenn ich sage: es war das goldene Zeitalter der Sicherheit. Alles in unserer fast tausendjährigen österreichischen Monarchie schien auf Dauer gegründet und der Staat selbst der oberste Garant dieser Beständigkeit. [...] Alles stand in diesem weiten Reiche fest und unverrückbar an seiner Stelle und an der höchsten der greise Kaiser; aber sollte er sterben, so wußte man (oder meinte man), würde ein anderer kommen und nichts sich ändern in der wohlberechneten Ordnung.

Stefan Zweig, Die Welt von Gestern. Erinnerungen eines Europäers (1944). Anfang des ersten Kapitels.

In den Jahren um 1900 laufen viele literarische Tendenzen zusammen, die sich weder zeitlich noch im Werk einzelner Autoren genau auseinanderhalten lassen: poetischer Realismus (die resignative bzw. versöhnliche Seite der Wirklichkeit) und Naturalismus (ihre hässliche oder schlechte Seite), Symbolismus und Impressionismus (die rätselhaften Zeichen und die Augenblickseindrücke der Wirklichkeit), Ästhetizismus (die zumeist von Ablehnung der Alltagswirklichkeit begleitete unbedingte Hingabe an die schöne Seite der Kunst) und Neuromantik (ihre weltflüchtige und mystische Seite), Décadence und Fin de Siècle (Verfall und Endzeit). Es ist eine Zeit des Übergangs, der Reformen, des Nebeneinanders von Kunstrichtungen und Literaturprogrammen. Die Literaturgeschichte hat sich deshalb darauf geeinigt, von einem Stilpluralismus zu sprechen.

Wenn die Seite des Verfalls und des Endzeitlichen betont werden soll, spricht man vom Fin de Siècle. Thomas Manns Roman *Buddenbrooks* (1901), der – auf eigener Familienüberlieferung fußend – vom Untergang einer Lübecker Großbürgerfamilie im 19. Jahrhundert erzählt, heißt im Untertitel: »Verfall einer Familie«. Wenn das Neue und Vorwärtsweisende der Literatur um 1900 hervorgehoben werden soll, bevorzugt man den Sammelbegriff der »Moderne«. Dieser Begriff, der aus dem Lateinischen stammt und in Frankreich schon um 1700 zum Zündstoff einer Diskussion um das ›Neue‹ und das ›Alte‹ in der Literatur wurde, ist ein Kontrastwort. Man muss eine Kunstbewegung, um sie als modern zu bezeichnen, von etwas Früherem abgrenzen. Gegenüber diesem wird das Moderne als mindestens ebenbürtig ausgezeichnet, während das Alte als veraltet gilt. Die Zeitschriften, in denen vor 1900 die Moderne propagiert wurde, trugen dementsprechend Namen wie *Die Zukunft, Neuland* oder *Jugend*. In diesem Sinne publizierte der Berliner Kunstverein »Durch!« 1887 sein

Bekenntnis zur Moderne in einer einflussreichen These: »Unser höchstes Kunstideal ist nicht mehr die Antike, sondern die Moderne.« (Zitiert nach Sprengel 1998, S. 54) Mit diesem umfassenden Anspruch wird der Begriff »Moderne« freilich wiederum unscharf. Ein Essay des neunzehnjährigen Hugo von Hofmannsthal über den italienischen Autor Gabriele D'Annunzio (1863–1938) bringt die Gegensätzlichkeit dessen, was damals alles als modern empfunden wurde, auf den Punkt.

Wir haben nichts als ein sentimentales Gedächtnis, einen gelähmten Willen und die unheimliche Gabe der Selbstverdoppelung. Wir schauen unserem Leben zu; [...] Wir haben gleichsam keine Wurzeln im Leben [...]. Heute scheinen zwei Dinge modern zu sein: die Analyse des Lebens und die Flucht aus dem Leben. Gering ist die Freude an Handlung, am Zusammenspiel der äußeren und inneren Lebensmächte, am Wilhelm-Meisterlichen [eine Anspielung auf Goethes Bildungsroman *Wilhelm Meisters Lehrjahre*, 1795/1796] Lebenlernen und Shakespearischen Weltlauf. Man treibt Anatomie des eigenen Seelenlebens, oder man träumt. Reflexion oder Phantasie, Spiegelbild oder Traumbild. Modern sind alte Möbel und junge Nervositäten. Modern ist das psychologische Graswachsenhören und das Plätschern in der reinphantastischen Wunderwelt. Modern ist Paul Bourget [ein französischer Romanschriftsteller] und Buddha; das Zerschneiden von Atomen und das Ballspielen mit dem All; modern ist die Zergliederung einer Laune, eines Seufzers, eines Skrupels; und modern ist die instinktmäßige, fast somnambule Hingabe an jede Offenbarung des Schönen, an einen Farbenakkord, eine funkelnde Metapher, eine wundervolle Allegorie.

Hugo von Hofmannsthal, Gabriele D'Annunzio.
In: Frankfurter Zeitung, Ausgabe vom 9. August 1893

Nervosität und Psychologie, Zergliederung und Instinkt sind Stichwörter für den ideengeschichtlichen Horizont, vor dem *Leutnant Gustl* entstanden ist. Sie führen von der äußeren zur inneren Wirklichkeit des Menschen, in die Seele, deren Ort nicht mehr im Herz (wie in der Neuromantik), sondern im Bewusstsein liegt. Es sind auch Schlüsselwörter für Schnitzler selbst, der als medizinisch gebildeter Künstler aus den geistigen Strömungen der Zeit das schöpfte, was er benötigte, um das literarische Porträt des Menschen seiner Zeit zu zeichnen. Wenn es einen bürgerlichen Repräsentanten der Wiener Moderne gibt, dann Gustl: »Gustl ›ist‹ Wien, ›ist‹ das Vorkriegsösterreich, ›ist‹ der europäische Mensch in der trügerischen Windstille vor 1914.« (Politzer, zitiert nach ED, S. 83) Mit dem Inneren Monolog entwirft Schnitzler eine Versuchsanordnung, um in diesen allenfalls an eingebildeter Größe leidenden, ansonsten höchst durchschnittlichen Mustermenschen der Wiener Jahrhundertwende hineinzublicken. Die Zutaten, mit denen der Autor sein Experiment für den Leser in wohldosierten Prisen schmackhaft macht, sind die Wissensdiskurse in der zeitgenössischen Literatur: 1. der Impressionismus als überwundener Naturalismus, 2. die Psychologie in der Literatur, 3. der Zerfall der Sprache, 4. das Problem von Duell und Ehre als Gesellschaftsdiagnose und 5. die Nervosität als literarisch ›ergiebige‹ Zeitkrankheit.

1. Der Naturalismus ist die Kunst, mit möglichst wissenschaftlicher Präzision (so zumindest das dieser Literaturrevolution zugrunde liegende Ideal) die Natur der Dinge (des Menschen und der Gesellschaft) darzustellen. Insofern ist er eine gesteigerte Darstellung von Wirklichkeitserfahrung. Schnitzler nimmt künstlerischen Anteil am Naturalismus, indem er die Darstellung seiner Figur eng an deren Erfahrung von Wirklichkeit ankoppelt: ihre Mundart imitiert und ihr Denken

reproduziert. Aber der Autor klagt nicht an. Er nimmt Abstand vom deterministischen Menschenbild der naturalistischen Literatur. Jeder Mensch, gerade Gustl, kann auch anders handeln, als er handeln zu müssen glaubt; Gustls Äußerung »sterben muss ich« (S. 32) ist keine alternativlose Ehrenpflicht, sondern eine schlichte Wahrheit. Das erkennt nicht die Figur, aber der Leser, wenn er über den Bewusstseinsrand von Gustls Selbstgespräch hinaussieht und dessen Selbstwidersprüche, Lebenslügen, Vorurteile und Existenzängste entlarvt. Schnitzler überwindet den Naturalismus mit der impressionistischen Darstellung der inneren Wirklichkeit der Figur.

2. Die Psychologie in der Literatur besteht in der Frage, wie die Gedanken im Bewusstsein einer Figur darstellbar sind. Schnitzlers Lösung dafür ist der Innere Monolog. Er bietet die Chance, das Selbstgespräch einer Figur als Erzähler nicht zu bevormunden, sondern lediglich aufzuzeichnen, was diese unausgesprochen denkt. So entsteht ein Protokoll des Seelenlebens, das sich von der Psychoanalyse dadurch unterscheidet, dass in der Novelle die Ausdrücke des Vorbewussten, also unaussprechbare Beobachtungen, geheime Wünsche, Machtträume und Ohnmachtvorstellungen dargestellt, aber nicht gedeutet werden. Der Innere Monolog ist eine vom Leser zu deutende Selbstanalyse der Figur ohne Therapierezept.

3. Das Grunddokument der Sprachkrise um 1900 ist Hofmannsthals *Ein Brief* (1902, bekannter als: Brief des Lord Chandos). In diesem fiktiven Brief eines englischen Adligen aus dem 17. Jahrhundert an den Naturwissenschaftler und Begründer des Empirismus, Francis Bacon, legt Chandos ein erschütterndes Geständnis ab. Er hat völlig die Fähigkeit verloren, »über irgend etwas zusammenhängend zu denken oder zu sprechen«; die Worte zerfallen ihm im Mund »wie modrige

Pilze« (*Gesammelte Werke in zehn Einzelbänden. Erzählungen, Erfundene Gespräche und Briefe, Reisen*, S. 465). Hofmannsthals Chandos-Brief beschreibt diesen Ruin der Sprache noch in wohlgesetzten Worten, ohne selbst zur sprachlichen Ruine zu werden. Anders Schnitzlers *Leutnant Gustl*: Die sprachliche Wiedergabe des Bewusstseins der Figur zerfällt hier in freie Assoziationen, Wiederholungszwänge, kurze Sätze, Auslassungspunkte, Gedankenstriche. Der Innere Monolog ist auch Schnitzlers Antwort auf die Sprachkrise um 1900.

4. Im Zusammenhang von Ehre und Duell erkennt Schnitzler ein Grundproblem des modernen Bürgertums. In vielen seiner Erzählungen und Dramen ruiniert das Festhalten an der Ehre die traditionellen sozialen Institutionen von Ehe und Familie. Mit dem Duell übernimmt der aufsteigende Bürger in Uniform ein Statussymbol des Adels, das seiner bürgerlichen Standesehre und Rechtsauffassung widerspricht. Die zufällige Lösung des Konflikts ist nur eine scheinbare. Gustls Einverständnis mit den Normen, die ihn fast das Leben gekostet hätten, hat, wie die Schlusssätze der Novelle drastisch beweisen, nicht gelitten. Schnitzler zeigt im Gegenteil, wie festgefügt die eingefahrenen simplen Denkmuster waren, nach denen die Angehörigen der militärischen Welt, die in breiten Teilen der Bevölkerung hohes Ansehen genoss, ihr Leben einrichteten.

5. Nervosität galt um 1900 als eine typische Zeitkrankheit. Unter dem Einfluss neuerer naturwissenschaftlicher Erkenntnisse wurden die Nerven weniger als Röhren verstanden, durch die das Nervenfluidum (der »Nervengeist« oder *spiritus animalis*) fließt, sondern vielmehr als Kommunikationssystem, das auf äußere Reize mit teilweise heftigen inneren Ausschlägen oder Störungen reagiert. »Nervosität« bezeichnete ein

komplexes Krankheitsbild, in das sich vor allem Hysterie (als angeblich weibliche Form) und Neurasthenie, also Nervenschwäche (als vermeintlich männliche Form) einordnen ließen. Die empirisch orientierten Autoren der Jahrhundertwende waren an diesen medizinischen Beobachtungen – etwa des deutsch-österreichischen Psychiaters Richard von Krafft-Ebing, der 1886 sein Standardwerk *Psychopathia sexualis* vorlegte – naturgemäß besonders interessiert. Für sie war die Nervenkunst ein »Reiz- und Motivprotokoll« (Sprengel 1998, S. 93) der Epoche, die überflutet war von neuen audiovisuellen und künstlerischen Reizen. Der moderne Mensch, den die Literatur um 1900 zeichnet, ist der nervöse Mensch, der Großstadtflaneur, der viele Reize auf einmal, der Dandy, der wenige Reize übersteigert aufnimmt. Als Zeitdiagnose spiegelt sich die Nervosität in Prosawerken von Thomas Mann (der berühmteste Fall ist der des Musterneurasthenikers Christian Buddenbrook) und Robert Walser wider. Unter den literarischen Figuren Arthur Schnitzlers ist *Leutnant Gustl* die vielleicht am meisten verhaltensauffällige Person. Seine Nervosität erklärt sich aus seiner fatalen Lage, wirkt aber darüber hinaus auch wie ein durchgängiges Persönlichkeitsmerkmal. Sie macht sich vor allem in der Kurzatmigkeit seiner Gedankenrede, in seinen hektischen Assoziationen bemerkbar. Seine Nervosität scheint tiefergehende Ursachen zu haben als die akute Bedrohung seiner Existenz – Gustl krankt an der Doppelmoral und den gesellschaftlichen Standeszwängen seiner Zeit.

Der Autor von *Leutnant Gustl* kann also als ein postnaturalistischer Schriftsteller beschrieben werden, der sich mit den Mitteln der Psychologie und des Impressionismus aus dem Naturalismus gelöst hat. Der Naturalist hat die Erkenntnis aus Erfahrung geschätzt, ein naturwissenschaftliches und deterministisches Weltbild vertreten, Experimente um ihrer selbst willen geliebt, er hat beobachtet und analysiert. Der Postnaturalist reduziert die Erfahrung auf den Augenblick, er hat ein psychologisches Weltbild, richtet die Beobachtung von außen nach innen, liebt die Selbstanalyse und weiß, dass sich der Experimentator wie auch der Gegenstand des Experiments mit dem Experiment verändert. Schnitzler ist ein Autor der kleinen Form, der Einakter, der Prosaskizzen, der psychologischen Novellen. Seine Figuren sind Flaneure der Großstadt, Lebenskünstler mit beschädigtem Leben, Selbstbeobachter mit mangelnder Einsicht und beschränkter Lernfähigkeit. Ihnen ist die Illusion lieber als die Wahrheit. Der Auftrag zur Analyse wandert daher (wie meist in literarischen Werken von Gehalt) vom Autor über die Figur zum Leser.

Ein Nachfolger der psychologischen Erzählkunst Schnitzlers ist der sehr erfolgreiche österreichische Autor Stefan Zweig (1881–1942), etwa in seinen Erzählbänden *Amok* (1922) und *Verwirrung der Gefühle* (1927). Schon in den Titeln wird die literarische Analyse der Empfindungen zum Programm. Mit Schnitzlers Erzählung *Leutnant Gustl* beginnt – auf der Schwelle zwischen den Jahrhunderten und nach der literaturgeschichtlich wegweisenden Novelle *Lenz* (1839) von Georg Büchner – die Geschichte der modernen psychologischen Novelle.

VI Rezeption

Die österreichischen Offiziere, die Schnitzlers Novelle in den letzten Tagen des Jahres 1900 in der *Neuen Freien Presse* lasen, waren nicht begeistert. In den Wiener Kaffeehäusern saßen sie zusammen und strichen »gewisse Stellen rot an« (ED, S. 51). Auch die Presse zog sich vom Autor zurück. Die nationalistische *Reichswehr* betrachtete *Leutnant Gustl* als »Gemisch von Unflath, niedrigster Gesinnung und Verdorbenheit des Herzens« (SBB, S. 83). Das *Neue Wiener Tageblatt* beschloss, Schnitzlers Dialog *Silvesternacht* lieber nicht zu veröffentlichen. Am 5. Januar 1901 verlangte ein Befehl des »Landwehrergänzungsbezirkskommandos Nr. 1« vom Autor die Auskunft, ob er der Verfasser der Leutnantsnovelle sei. Schnitzler antwortete sinngemäß, seine literarische Tätigkeit gehe das Militär nichts an, leugnete aber seine Autorschaft nicht. Nun lief das Getriebe der Militärgerichtsbarkeit. Zwei Aufforderungen, vor dem »Ehrenrätlichen Ausschuß der Landwehroffiziere und Kadetten in Wien« zu erscheinen, lehnte Schnitzler ab, eine dritte Vorladung ließ er unbeantwortet. Am 1. Juni 1901 erfuhr er aus einem Leitartikel der *Neuen Freien Presse,* dass ihm der Offiziersrang aberkannt worden sei. Zwei Wochen später, mit Datum vom 14. Juni, erreichte ihn die offizielle Nachricht seiner Vorgesetzten: Aufgrund einer angeblichen »Verletzung der Standesehre« wurde er seines »Offizierscharakters für verlustig« erklärt (TM, S. 136). Das Offiziersdiplom wurde eingezogen und zerschnitten, der Landwehr-Oberarzt Dr. Schnitzler zu einem gewöhnlichen Sanitätssoldaten des k. k. Landsturms degradiert.

Doch damit war die Sache nicht ausgestanden. In der Ausgabe vom 21. Juni 1901 des Militärblatts *Die Reichswehr* ereiferte sich der Chefredakteur Gustav Davis über den Text und seinen Verfasser. Ein »so widerlicher Ignorant und Cyniker, ein so jämmerliches charakterloses Subject« (TM, S. 138) wie Gustl komme in der Realität überhaupt nicht vor. Der Autor, ein Reserveoffizier, habe die Ehre seines Standes verletzt. Kein Zweifel: Der Artikel von Davis war eine nur wenig verkappte Aufforderung zum Duell. Schnitzler nahm sie nicht an. Damit hatte der Skandal seinen Höhepunkt erreicht. Der Autor handelte nicht wie seine sich dem Duellzwang unterwerfende Figur. Das wurde in der Tagespresse unterschiedlich kommentiert. Während die einen kritisierten, dass Schnitzler nicht vor dem Ehrengericht erschienen war, äußerten die anderen Verständnis dafür, dass sich ein Autor nicht mit jedem ihm übelwollenden Rezensenten schlagen könne, und empfahlen, dass ein Schriftsteller besser erst gar nicht Offizier werden solle (vgl. ED, S. 79).

Die Urteile über die Novelle in österreichischen und deutschen Zeitungen waren überwiegend positiv. Der Autor wurde als großer Psychologe, seine Figur als sehr menschlich gezeichnet gelobt. Deutschnationale und christlichsoziale Zeitungen entfachten hingegen eine Pressekampagne gegen den »Literaturjuden« Schnitzler. In einer antisemitischen Kritik der *Gustl*-Novelle hieß es: »Der Jude gehört ins Ghetto, nicht in die Armee« (*Deutsche Zeitung*, Ausgabe vom 22. Juni 1901, zitiert in SBB, S. 84). Thematisiert wurde auch die Frage der künstlerischen Freiheit und der »literarische[n] Censur« (TM, S. 138).

Von Dichterkollegen und Literaturwissenschaftlern wurde anerkennend darauf hingewiesen, wie kunstvoll der Autor seinen Stoff in eine passende Form gebracht habe. So lobte Rainer Maria Rilke die »innere Schaubühne«, auf der das Schicksal eines beschränkten Helden gestaltet werde (ED, S. 56). Statt des äußeren Konflikts, des Duells, interessierte ihn der innere Kampf Gustls mit sich selbst.

Torsten Hermentin während des hundertminütigen Monologs als Leutnant Gustl im Salzburger Café Bazar (Produktion des Landestheaters Salzburg aus dem Jahr 2007. Regie: Natascha Kalmbach).

»Eine ganze Psychologie in einer Nußschale«, bescheinigte der berühmte dänische Literaturkritiker Georg Brandes dem Autor (zitiert in SBB, S. 85). Diese psychologische Deutung der Erzählung wurde in zwei Richtungen weiterentwickelt. Gustl wurde zum einen, orientiert an der Psychoanalyse, als freudianisch angelegte Figur aufgefasst, zum anderen, in einem sozialpsychologischen Sinne, zum mustergültigen Stellvertreter seiner Epoche erklärt (Politzer).

Wie sollte man die umstürzend neue Form von Schnitzlers Novelle taufen? Lange Zeit war man sich unsicher und sprach von »Prosamonolog«, »Gedankenmonolog«, »Seelenmonolog«, von »Wortfilm und Seelenphonograph« (zitiert in SBB, S. 87 bis 94). Édouard Dujardin fand 1930 die Formel »monologue intérieur«. Seither beschäftigt sich die Forschung mit der Rolle, die dieser Innere Monolog zwischen Literatur und Psychologie spielt. Ist Schnitzlers Darstellung von Freuds *Traumdeu-*

tung beeinflusst oder ganz unabhängig davon, auch aus seinem eigenen medizinischen Interesse, entstanden, oder hat gar Freud Anregungen aus Schnitzlers psychologischen Novellen aufgenommen?

Als Schullektüre hat sich Schnitzlers Novelle *Leutnant Gustl* aufgrund ihrer formalen Neuheit, ihrer inhaltlichen Spannung und literaturgeschichtlichen Sonderstellung spätestens in den 1960er-Jahren einen Platz im Kanon erobert.

Die Rezeption der Novelle in den Medien blieb im Vergleich zur *Traumnovelle* dürftig. Neben einer Hörspielfassung des Österreichischen Rundfunks (Landesstudio Vorarlberg) aus dem Jahr 1967 gibt es lediglich einen Fernsehfilm, den der Norddeutsche Rundfunk am 26. März 1963 ausstrahlte (vgl. die Abbildungen auf den Seiten 71, 77 und 87 dieses Bands). Regie führte John Olden; das Drehbuch geht auf die Bühnenfassung (1961) von Ernst Lothar zurück, einem österreichischen Tausendsassa, der, im Hauptberuf Staatsanwalt, nach der Rückkehr aus der Emigration Karriere als Theaterdirektor und Schriftsteller machte. Lothars Theateradaption des *Leutnant Gustl* ist eine Komödie, die mit einer Gerichtsverhandlung vor dem Ehrenrat endet (vgl. die Abbildungen auf den Seiten 59, 63 und 67 dieses Bands). Gustl spricht in dieser Theaterfassung nicht mit sich selbst, sondern mit Kameraden, mit Vorgesetzten, mit seiner neuen Freundin Anna. Am Ende verzichtet er – anders als bei Schnitzler – Anna zuliebe auf das bevorstehende Duell mit dem Juristen (vgl. TM, S. 142). Die Fernsehfassung kehrt indessen zum ursprünglichen Novellenschluss zurück: Der unverbesserliche Leutnant hat am Ende nichts dazugelernt. Allerdings sind Schnitzlers zeitdiagnostische Spitzen gegen den Antisemitismus und gegen Gustls leichtfertige Selbstmordgedanken aus dem Fernsehspiel gänzlich verschwunden.

Auswahlbibliographie

Ausgaben

ARTHUR SCHNITZLER: Leutnant Gustl. Textausgabe mit Materialien, erarbeitet von MARINA DAHMEN. Braunschweig: Schroedel Verlag 2009 (Texte. Medien).
Nach dieser Ausgabe, die auch vielfach nützliche Materialien zur Biographie, zur Entstehung und zum thematischen Umfeld enthält, wird die Novelle zitiert. (Zitate aus den Materialien mit dem Kürzel TM.)

ARTHUR SCHNITZLER: Leutnant Gustl. Erzählungen 1892–1907. Herausgegeben von MICHAEL SCHEFFEL. Frankfurt/M.: S. Fischer Verlag 1999 (Teil der achtbändigen Auswahlausgabe).

ARTHUR SCHNITZLER: Lieutenant Gustl. Novelle. Herausgegeben von KONSTANZE FLIEDL. Mit Anmerkungen und Literaturhinweisen von EVELYNE POLT-HEINZL. Stuttgart: Reclam Verlag 2002 (RUB 18156). (Der Text folgt der ersten Buchausgabe der Novelle von 1901; das Nachwort wird zitiert als: Fliedl 2002).

ARTHUR SCHNITZLER: Lieutenant Gustl. Text und Kommentar. Herausgegeben und kommentiert von URSULA RENNER. Frankfurt/M.: Suhrkamp Verlag 2007 (Suhrkamp BasisBibliothek 33). (Der Text folgt dem Erstdruck der Novelle in der Wiener *Neuen Freien Presse*, Weihnachten 1900; zitiert als: SBB).

Gesamtdarstellungen

ARNOLD, HEINZ LUDWIG: Arthur Schnitzler. München: Verlag Text+Kritik 1998 (Text+Kritik Heft 138/139).

FLIEDL, KONSTANZE: Arthur Schnitzler. Stuttgart: Reclam Verlag 2005 (RUB 17653). Informiert solide und grundlegend über Leben und Werk (zitiert als: Fliedl 2005).

PERLMANN, MICHAELA L. : Arthur Schnitzler. Stuttgart: Verlag J. B. Metzler 1987 (Sammlung Metzler 239).

WAGNER, RENATE: Wie ein weites Land. Arthur Schnitzler und seine Zeit. Mit 88 Abbildungen. Wien: Amalthea Signum Verlag 2006.

Biographie und Lebenszeugnisse

SCHEIBLE, HARTMUT: Arthur Schnitzler mit Selbstzeugnissen und Bilddokumenten. Reinbek: Rowohlt Taschenbuch Verlag 1967. 14. Auflage 2007 (rowohlts monographien 50235).

SCHNITZLER, ARTHUR: Briefe 1875–1912. Herausgegeben von THERESE NICKL und HEINRICH SCHNITZLER. Frankfurt am Main: S. Fischer Verlag 1981.

SCHNITZLER, ARTHUR: Jugend in Wien. Eine Autobiographie. Herausgegeben von THERESE NICKL und HEINRICH SCHNITZLER. Frankfurt am Main: Fischer Taschenbuch Verlag 1981 (Fischer Taschenbuch 2068) (zitiert als: JW).

Ausgewählte Forschung zu »Leutnant Gustl«

AURNHAMMER, ACHIM: Lieutenant Gustl. Protokoll eines Unverbesserlichen. In: HEE-JU KIM und GÜNTER SASSE (Hrsg.): Interpretationen. Arthur Schnitzler: Dramen und Erzählungen. Stuttgart: Reclam Verlag 2007 (RUB 17532), S. 69–88.

HARPPRECHT, KLAUS: Leutnant Gustl von Arthur Schnitzler oder: Das Duell fand nicht statt. In: UWE SCHULTZ (Hrsg.): Das Duell. Der tödliche Kampf um die Ehre. Frankfurt am Main: Insel Verlag 1996, S. 370–385 (zitiert als: Harpprecht).

JÄGER, MANFRED: Schnitzlers Leutnant Gustl. In: Wirkendes Wort 15 (1965) Heft 5, S. 308–316.

POLITZER, HEINZ: Nachwort. In: Arthur Schnitzler: Leutnant Gustl. Nachwort und Anmerkungen von HEINZ POLITZER. Berlin: S. Fischer Verlag 1962 (Fischer Schulausgaben), S. 40–50.

POLT-HEINZL, EVELYNE: Erläuterungen und Dokumente. Arthur Schnitzler: Leutnant Gustl. Stuttgart: Reclam Verlag 2000 und öfter (RUB 16017) (zitiert als: ED).

Renner, Ursula: Dokumentation eines Skandals. Arthur Schnitzlers »Lieutenant Gustl«. In: Hofmannsthal. Jahrbuch für europäische Moderne 15 (2007), S. 33–216.

Schmidt-Dengler, Wendelin: Arthur Schnitzler: Leutnant Gustl. In: Interpretationen. Erzählungen des 20. Jahrhunderts. Band 1. Stuttgart: Reclam Verlag 1996 (RUB 9462), S. 21–37 (zitiert als: Schmidt-Dengler).

von Wilpert, Gero: Leutnant Gustl und seine Ehre. In: August Obermayer (Hrsg.): Die Ehre als literarisches Motiv. Dunedin: University of Otago 1986, S. 120–139.

Zur Kultur und Literatur der Jahrhundertwende

Frevert, Ute: Ehrenmänner. Das Duell in der bürgerlichen Gesellschaft. München: Verlag C. H. Beck 1991 (als Taschenbuch: München: Deutscher Taschenbuch Verlag 1995).

Haupt, Sabine und Stefan Bodo Würffel (Hrsg.): Handbuch Fin de Siècle. Stuttgart: Alfred Kröner Verlag 2008.

Kimmich, Dorothee und Tobias Wilke: Einführung in die Literatur der Jahrhundertwende. Darmstadt: Wissenschaftliche Buchgesellschaft 2006 (zitiert als: Kimmich/Wilke).

Osterhammel, Jürgen: Die Verwandlung der Welt. Eine Geschichte des 19. Jahrhunderts. München: Verlag C. H. Beck 2009 (zitiert als: Osterhammel).

Sprengel, Peter: Geschichte der deutschsprachigen Literatur 1870–1900. Von der Reichsgründung bis zur Jahrhundertwende. München: Verlag C. H. Beck 1998 (zitiert als: Sprengel 1998).

Sprengel, Peter: Geschichte der deutschsprachigen Literatur 1900–1918. Von der Jahrhundertwende bis zum Ende des Ersten Weltkriegs. München: Verlag C. H. Beck 2004.

Zweig, Stefan: Die Welt von Gestern. Erinnerungen eines Europäers. Frankfurt am Main: S. Fischer Verlag 1962 und öfter.

Über den Autor

Michael Braun (geboren 1964) hat in Aachen, Bonn, Edinburgh und Pittsburgh Germanistik, Katholische Theologie, Politikwissenschaft und Pädagogik studiert. Als Deutschlehrer hat er zwei Jahre an High Schools und Universität im englischsprachigen Ausland unterrichtet. Nach dem Staatsexamen, der Promotion (als Studienstiftler) und der Habilitation lehrt er, seit 2005 als außerplanmäßiger Professor für Neuere Deutsche Literatur und ihre Didaktik, an der Universität zu Köln. Seit 1992 leitet er das Referat Literatur in der Konrad-Adenauer-Stiftung und hat dort Fortbildungen mit Lehrern, Tagungen mit deutschen und europäischen Germanisten und Veranstaltungen mit Autoren konzipiert und durchgeführt. Er ist Elternvertreter der Fachschaft Deutsch im Stiftischen Gymnasium Düren. Zahlreiche Publikationen und Rezensionen zur Literatur des 19. bis 21. Jahrhunderts, zum Film und zur Kulturpolitik, zuletzt: *Die deutsche Gegenwartsliteratur. Eine Einführung* (2010).

Bildquellenverzeichnis

S. 27: © ullstein bild – Imagno
S. 35, 59, 67, 77 und 87: © Österreichisches Theatermuseum, Wien
S. 51 und 93: © Matthias Kolodziej, Freiburg
S. 63: © Theater in der Josefstadt, Wien
S. 71: © Filmdokumentationszentrum – Filmarchiv Austria, Wien
S. 105: Landestheater Salzburg. © Christian Schneider

Textquellenverzeichnis

S. 24: Glückwunschbrief von Sigmund Freud zu Arthur Schnitzlers 60. Geburtstag, zitiert nach: Heinrich Schnitzler, Christian Brandstätter und Reinhard Urbach (Hrsg.): Arthur Schnitzler. Sein Leben. Sein Werk. Seine Zeit. Mit 324 Abbildungen. Frankfurt/M.: S. Fischer Verlag 1981, S. 108.
S. 30: Arthur Schnitzler: [Antwort auf eine Rundfrage über das Duell], aus dem Nachlass. In: Arthur Schnitzler: Aphorismen und Betrachtungen. Herausgegeben von Robert O. Weiss. Frankfurt/M.: S. Fischer Verlag 1967, S. 323.
S. 36: Hugo von Hofmannsthal – Arthur Schnitzler: Briefwechsel. Herausgegeben von Therese Nickl und Heinrich Schnitzler. Frankfurt/M.: Fischer Taschenbuch Verlag 1983, S. 140 f.
S. 75: Ute Frevert: Ehrenmänner. Das Duell in der bürgerlichen Gesellschaft. München: Verlag C. H. Beck 1991, S. 102.
S. 95: Stefan Zweig: Die Welt von Gestern. © Bermann-Fischer Verlag A. B., Stockholm, 1944. Alle Rechte vorbehalten S. Fischer Verlag GmbH, Frankfurt am Main.
S. 97: Hugo von Hofmannsthal: Gabriele D'Annunzio (1893). In: Hugo von Hofmannsthal: Gesammelte Werke in zehn Einzelbänden. Reden und Aufsätze I. Frankfurt/M.: Fischer Taschenbuch Verlag 1979, S. 175 f.

Bereits erschienen:

Friedrich Schiller: *Maria Stuart* (47700)
Johann Wolfgang von Goethe: *Die Leiden des jungen Werther* (47701)
Bertolt Brecht: *Leben des Galilei* (47702)
Friedrich Schiller: *Don Karlos* (47704)
Heinrich von Kleist: *Michael Kohlhaas* (47705)
Friedrich Dürrenmatt: *Der Besuch der alten Dame* (47706)
Theodor Fontane: *Effi Briest* (47707)
Georg Büchner: *Woyzeck* (47708)
Arthur Schnitzler: *Traumnovelle* (47711)
Friedrich Dürrenmatt: *Die Physiker* (47712)
Heinrich von Kleist: *Prinz Friedrich von Homburg* (47713)

Folgende weitere Bände der Reihe »Schroedel Interpretationen« erscheinen u. a. in 2010/2011:

Franz Kafka: *Der Proceß* (47703)
Heinrich von Kleist: *Das Erdbeben in Chili* (47709)
Wolfgang Koeppen: *Tauben im Gras* (47714)
Johann Wolfgang von Goethe: *Iphigenie auf Tauris* (47715)
Thomas Mann: *Buddenbrooks* (47716)
Thomas Mann: *Mario und der Zauberer* (47717)
Max Frisch: *Homo faber* (47718)
Georg Büchner: *Danton's Tod* (47719)
Peter Stamm: *Agnes* (47720)
Johann Wolfgang von Goethe: *Faust I* (47721)

Inhaltsverzeichnisse und Probeseiten finden Sie unter:
www.schroedel.de/interpretationen

Ebenfalls bei Schroedel: die Reihe Texte . **Medien**
(Textausgaben mit Materialien)

Die einzelnen Bände werden jeweils durch **Arbeitshefte**, **Informationen für Lehrerinnen und Lehrer** und zum Teil **mediales Zusatzangebot** ergänzt:

Weitere Informationen finden Sie unter:
www.schroedel.de/textemedien